ARCHIPEL 2

ÉCOLE NORMALE SUPÉRIEURE DE FONTENAY — SAINT-CLOUD
CRÉDIF
CENTRE DE RECHERCHE ET D'ÉTUDE POUR LA DIFFUSION DU FRANÇAIS

ARCHIPEL 2

UNITÉS 8 à 12

Janine COURTILLON
Sabine RAILLARD

Avec la collaboration de Hélène GAUVENET et Marc ARGAUD,
dessins de Pierre NEVEU
et le concours de la Mission Laïque Française.

cours crédif

Les textes précédés de ce symbole sont enregistrés.

Les poèmes non signés ont été écrits par Hélène GAUVENET et Marc ARGAUD.

Illustrations (pages 3, 11, 133) : J.-L. Goussé.

Couverture : Creaphic.

© Les Éditions Didier, Paris, 1983   ISBN 2-278-03561-3   Printed in France

Le cours **ARCHIPEL** comprend :

ARCHIPEL 1 (unités 1 à 7)
- Un livre de l'étudiant
- Un cahier d'exercices
- Un livre du professeur
- 3 cassettes : dialogues, exercices, textes
- 2 films fixes (ou diapositives) pour la classe

ARCHIPEL 2 (unités 8 à 12)
- Un livre de l'étudiant
- Un cahier d'exercices
- Un livre du professeur
- 3 cassettes : dialogues, exercices, chansons, textes
- 2 films fixes (ou diapositives) pour la classe

ARCHIPEL 3
- Un livre de l'étudiant
- Un livre du professeur
- 3 cassettes : dialogues, textes littéraires,
  exercices prosodiques, interviews, table ronde

CONTENU DU COURS ARCHIPEL
UNITÉS 1 à 12

Objectifs de l'unité	Situations	Thématique	Activités orales et écrites	Documents
Qui êtes-vous ? OBJECTIFS FONCTIONNELS • Caractérisation de la personne. • Recherche d'une personne. • Entrée en contact avec une personne par téléphone ou dans un lieu public. OBJECTIFS LINGUISTIQUES • La phrase attributive en *être* suivie d'un adjectif ou d'un substantif. • La phrase en *avoir* et le présentateur *c'est : il a les yeux bleus, c'est la jeune fille du train.* • Une phrase interrogative marquée par l'intonation. • Quelques formes d'interrogation partielle : - *Qu'est-ce qu'il fait ?* - *A qui voulez-vous parler ?* - *Qui êtes-vous ?* - *Comment vous appelez-vous ?.* • La phrase négative. • Quelques verbes du premier groupe au présent.	1. Le postier. 2. Le chien perdu. 3. La jeune fille du train. 4. Le touriste grec. 5. A la réception. 6. L'enfant perdu. 7. La standardiste sourde. Secrets de jeunes filles.	• L'identité. • Portrait physique et moral, occupations (travail, loisirs) et goûts. • Lieux publics : poste, aéroport, rue.	• Exercices oraux. • Canevas de jeux de rôles. • Identifier des personnages sur des images, d'après un texte. • Lire une petite annonce de relations. • Trois jeux : - la devinette ; - le portrait ; - le départ en voyage. • Deux simulations : - l'agence matrimoniale ; - la recherche d'un emploi.	• Poèmes : *Nuit. L'oiseau.* • Carte de débarquement (voyage en avion). • Petites annonces de relations (*Le Nouvel Observateur*). • Les signes du Zodiaque (cartes illustrées). • Petites annonces de demandes et offres d'emploi (*Le Monde, Le Nouvel Observateur, Le Figaro*).

unité
1

unité 2 — Que faites-vous ?

OBJECTIFS FONCTIONNELS
- Décrire les habitudes et modes de vie : travail, habitation, déplacements et sorties…
- Exprimer sommairement ses croyances et ses opinions.
- Nier des faits

OBJECTIFS LINGUISTIQUES
- La phrase active simple à la forme affirmative :
  - sujet-verbe-objet ;
  - sujet-verbe-circonstanciel de lieu.
- Quelques formes négatives.
- La phrase interrogative :
  - sur l'objet de l'action : *Quoi, qu'est-ce que vous faites ?*
  - le lieu de l'action : *Où travaillez-vous ?*
  - le temps de l'action : *A quelle heure ?*
  - le moyen de déplacement : *Vous rentrez chez vous comment ?*
  - la quantité : *Combien gagnez-vous ?*.
- L'expression de la fréquence : *jamais, toujours, souvent.*
- Le présent d'habitude.

1. Le programmeur.
2. La photographe.
3. Le grutier.
4. Les loubards.
5. Le travailleur immigré.

- Professions.
- Modes de vie : travail et salaires, déplacements, repas, loisirs.
- Lieux de loisirs, lieux de travail.
- Goûts et croyances
- Journaux et revues.
- Catégories socio-professionnelles et clichés culturels.

- Exercices oraux.
- Canevas de jeux de rôles.
- Étude des portraits-clichés.
- Questionnaire sur les moyens de transport.
- Sondage sur le temps de vivre (travail et loisirs).
- Une simulation : « Je pars avec vous ».

- Chanson de Jean Ferrat : *On ne voit pas le temps passer.*
- Sondage : Les Français et le temps de vivre (*Le Figaro*).
- Enquête : La France misogyne (*Le Nouvel Observateur*).

unité 3 — Où allez-vous ?

OBJECTIFS FONCTIONNELS
- Localiser un objet.
- Chercher un moyen de transport.
- Prendre rendez-vous, refuser et déplacer le rendez-vous.
- Inviter à sortir

OBJECTIFS LINGUISTIQUES
- Demander son chemin et donner des indications de direction (prépositions de lieu).
- Présent, futur et impératif de quelques verbes.

1. Le coup de fil.
2. Je cherche la gare.
3. Où sont les billets d'avion ?.
4. Où dîne-t-on ce soir ?
5. Les cambrioleurs.
6. Les Puces.
7. La tour Eiffel.

- Restaurants.
- Cinémas.
- Théâtres.
- Musique.
- Détente.

- Exercices oraux.
- Canevas de jeux de rôles.
- Exercices à choix multiples.
- Exercices pour savoir donner des indications de direction.
- Questionnaire sur les lieux.
- Une simulation : « Dans quelle île voulez-vous aller ».
- Les bonnes adresses de Paris et de votre ville.
- Un jeu : « Je prends rendez-vous par téléphone ».

- Poème : *Pardon, Monsieur.*
- Annonces illustrées de restaurants, cinémas, théâtres, concerts (*Pariscope. Publicités*).
- Publicité : le Club Vitatop.
- Plan du quartier Saint-Germain - Odéon, à Paris (Affiche de la R.A.T.P.).
- Emploi du temps de sept personnes (pages d'agenda).

Objectifs de l'unité	Situations	Thématique	Activités orales et écrites	Documents
Que voulez-vous ? OBJECTIFS FONCTIONNELS ● Demander un objet, un horaire. ● Interroger sur la taille, la qualité ou le prix ou demander un autre objet. ● Faire une réclamation. ● Accepter ou refuser un objet. OBJECTIFS LINGUISTIQUES ● Liés à la demande : - *vous avez ...* - *vous n'avez pas ...* - *vous n'auriez pas ...* - *je voudrais ...* - *il y a ....* ● Liés à la caractérisation de l'objet : adjectifs et compléments de nom, quelques possessifs et démonstratifs. ● Liés à la caractérisation de la situation : discours indirect à l'aide des verbes : *demander, proposer, offrir, commander...* ● Quelques doubles pronoms objets.	1. A l'entracte. 2. Le train de Saint-Malo. 3. Le steak de Janine. 4. Au vestiaire. 5. J'ai perdu mon ticket. 6. A la caisse. 7. J'ai mal à la gorge. 8. Le parfum.	● Achat d'un billet (train, avion). ● Le choix d'un menu. ● Achat d'un médicament, d'un vêtement, d'un parfum. ● Les fêtes, les saisons, les mois, les jours. ● La météorologie.	● Exercices oraux. ● Canevas de jeux de rôles. ● Exercices à choix multiples. ● Questionnaire : « Les fêtes et les saisons ». ● Préparer un voyage d'après un horaire. ● Exercices : - sur les pronoms objets (simples et doubles) ; - sur les possessifs et les démonstratifs. ● Sensibilisation aux registres de la demande.	● Calendrier 1983. ● *Les Très Riches Heures du Duc de Berry* (illustrations - extraits). ● Chanson de Charles Trenet : *J'ai ta main dans ma main.* ● Menu gastronomique (*Lameloise*). ● Menu d'Air-France. ● Carte de restaurant français. ● L'horaire du T.G.V. (document S.N.C.F.).
Combien en voulez-vous ? OBJECTIFS FONCTIONNELS ● La demande d'un objet portant la marque de la quantité. ● Demander ou refuser un plat ou une boisson à table. OBJECTIFS LINGUISTIQUES. ● Les quantifiants : *du, de la, des, un peu (de), quelques, un verre de, un kilo de ....* ● La transformation négative : *pas de, plus de, pas beaucoup de ....* ● La transformation pronominale : *« en »* avec les verbes *avoir, y avoir, vouloir, prendre.*	1. Un rôti, c'est parti !. 2. Des Gauloises, s'il-vous-plaît. 3. Un chat difficile. 4. Que fait-on l'an prochain ?. 5. Qu'y-a-t-il ce soir à la télévision ?. 6. Du super ou de l'ordinaire ?. Rime 1 : De l'amour, tous les jours. Rime 2 : Du pain, j'en veux bien. Rime 3 : Y a plus de	● Achats : au bureau de tabac, à la boucherie, à la station-service, au marché, etc. ● La nourriture et la boisson. ● Les matières d'enseignement. ● Les programmes de télévision. ● Regrets des objets disparus.	● Exercices oraux. ● Canevas de jeux de rôles. ● Exercices à choix multiples. ● Exercices pour savoir exprimer la quantité (dialogues au restaurant, au café, chez l'épicier). ● Deux jeux : - « Une année pour apprendre ». - « Un emploi du temps idéal ». ● Construire une publicité à partir de modèles. ● Distinguer une quantité nombrable et non-nombrable.	● Poème : *Du pain, du vin ...* ● Chanson : *J'ai du bon tabac.* ● Publicités : Vichy Saint-Yorre, le lait. ● Programmes des trois chaînes de Télévision pour une semaine (*Télérama*).

unité 4

unité 5

Objectifs de l'unité	Situations	Thématique	Activités orales et écrites	Documents
unité 8 **Le passé, c'était hier ...** **OBJECTIFS FONCTIONNELS** • Décrire un état ancien. • Décrire une habitude ancienne. • Décrire une action en cours d'accomplissement au passé, opposée à une action achevée du passé. **OBJECTIFS LINGUISTIQUES** • Les valeurs de l'imparfait : - action répétitive ou habituelle au passé ; - état passé des personnes ou des choses ; - action en cours d'accomplissement. • Opposition de la notion d'état passé (*avant, c'était ainsi*) à celle d'état présent (*maintenant, on ne croit plus que ...*). • Valeur du plus-que-parfait : action déjà accomplie dans le passé. • Opposition imparfait / passé-composé : - vision continue (*je ne voulais pas*) ; - vision discontinue (*je n'ai pas voulu*).	1. Les tomates. 2. Moi, de mon temps ... 3. Chez le juge. 4. Un drôle de rêve. 5. La fable de Perrette.	• Changements de société : - Le mariage et la famille. - Les jeunes. - Le troisième âge. - Les femmes et le travail. - La peine de mort. • La description littéraire (textes de Marcel Pagnol et Julien Gracq) et historique (les Druides et les Escholiers au Moyen Age).	• Canevas de jeux de rôles. • Exercices à choix multiples. • Questionnaire sur les changements. • Le passé et le présent. • Exercices sur les habitudes d'autrefois. • Questionnaire sur les habitudes d'autrefois. • Analyser un récit. • Décrire des actions passées. • Nier l'affirmation. • Exercices utilisant le plus-que-parfait. • Questionnaire sur l'article du *Point*. • Questionnaire sur la situation des femmes. • Faire un texte descriptif.	• Bande dessinée de Reiser : *Les Riches et les Pauvres*. • Texte de Marcel Pagnol : *Le Château de ma mère* (extrait). • Chanson de Jacques Prévert : *Barbara*. • Articles de presse : le mariage (*Le Point*, *La Vie*). • Etude d'Evelyne Sullerot : Les femmes et le travail. • Enquête : Les bas salaires (*Le Point*). • La pyramide des salaires (*Le Monde*). • Images de la féminité (Reproductions d'art). • L'histoire de France à l'école (extraits d'un manuel d'histoire). • Texte de Julien Gracq : *Un balcon en forêt* (extrait).
unité 9 **Que s'est-il passé ?** **OBJECTIFS FONCTIONNELS** • Rapporter des événements passés. • Rechercher les causes de ces événements. • Exprimer son point de vue sur la probabilité d'un événement passé.	1. Je suis en train de peindre. 2. Mon cheval a perdu. 3. L'auto-stop. 4. Il y a eu de la casse. 5. J'ai essayé d'appeler. 6. Gilles a-t-il un alibi ?	• Récits extraits de la presse écrite : faits divers, événements sociaux. • Récits littéraires (Jean-Pierre Faye, Raymond Queneau, Albert Camus). • L'argot.	• Canevas de jeux de rôles. • Exercices à choix multiples. • Histoires extraordinaires : « Ce qui m'a frappé ». • Exercices montrant la valeur de résultat ou de l'état. • Donner une explication d'un événement passé. • Donner son opinion sur un événement passé (les points de vue et les arguments).	• Article de presse : une manifestation. • Revue de l'actualité française dans la presse parisienne et régionale. • Affaire Dreyfus : dessin satirique. • Poème de Jacques Prévert : *Déjeuner du matin*. • Texte de Jean-Pierre Faye : *L'Ecluse* (extrait). • Texte de Raymond Queneau : *Exercices de style* (extrait). • Texte de Albert Camus : *L'Etranger* (extrait). • Chanson de Renaud : *Ma gonzesse*.

OBJECTIFS LINGUISTIQUES

- L'étude des formes verbales liées au déroulement de l'action :
  - l'action sur le point de s'accomplir ;
  - l'action en cours d'accomplissement ;
  - l'action qui vient d'être accomplie.
- L'étude des circonstances de l'action : adverbes et groupes prépositionnels permettant de situer l'action passée dans le temps.
- L'étude de quelques modalités du *certain* et du *probable*, certaines de ces modalités entraînant le *subjonctif* :
  - il est possible que... ;
  - il n'est pas sûr qu'il vienne.

Attentes et incertitudes

OBJECTIFS FONCTIONNELS

- Indiquer la durée d'un état actuel ou d'une action en cours d'accomplissement.
- Indiquer la durée d'une action passée.
- S'excuser d'être en retard.

OBJECTIFS LINGUISTIQUES

- Structures servant à indiquer :
  - qu'une action ou un état dure au moment où l'on parle et depuis combien de temps ils durent ;
  - la durée d'une action qui a été accomplie dans le passé (*pendant*) ;
  - le temps nécessaire à l'accomplissement d'une action (*en*).
- *Il y a / ça fait que*, + verbe au présent.
- *Il y a / ça fait que*, + verbe au passé composé.
- Verbe au présent et *depuis*.
- Verbe au passé composé et *depuis*.
- *Depuis que* + verbe au présent et au passé composé.

---

1. Je t'attends depuis trois quarts d'heure.
2. Elle est partie depuis trois semaines.
3. Il y a quinze jours que je ne dors pas.
4. On ne sait jamais.
5. Mais depuis quand ?
6. Trop tard !
7. On mange bien à Strasbourg.

- L'attente : banale, amoureuse, existentielle...
- L'angoisse.
- La consultation médicale.

- Rapporter les circonstances de l'action : « Pour faire un journal surprise ».
- Modèles syntaxiques (tableau).
- Exercices de réécriture : du récit au dialogue et du dialogue au récit d'après Jean-Pierre Faye.
- Choisissez votre style d'après Raymond Queneau.
- Le discours rapporté : « J'aime qu'on m'aime ».

- Canevas de jeux de rôles.
- Exercices à choix multiples.
- Deux questionnaires :
  - « L'amour de l'attente ou l'angoisse de l'attente » ;
  - « Le rendez-vous ».
- Interroger sur la durée d'un état ou d'une action.
- Interroger sur le temps qu'il faut pour accomplir une action.
- Mettre en rapport deux actions (ou une action et un état).
- « Je suis en retard, mais... »
- Produire une saynette sur l'attente.

- Texte de Jules Romains : *Knock* (extrait).
- Poème : *Il y a bien longtemps.*
- Chanson : *A la claire fontaine.*
- Texte de Samuel Beckett : *En attendant Godot* (extrait).
- Texte de Roland Barthes : *Fragments d'un discours amoureux* (extrait).

---

unité 10

unité 11

Objectifs de l'unité	Situations	Thématique	Activités orales et écrites	Documents
Le futur, c'est demain OBJECTIFS FONCTIONNELS ● Exprimer une intention. ● Faire un pronostic sur un évènement futur. ● Exprimer un souhait. ● Faire une hypothèse. ● Exprimer les conséquences et les raisons d'un choix (exprimer son désaccord ou sa réserve). OBJECTIFS LINGUISTIQUES ● Le futur. ● Le conditionnel. ● La phrase subordonnée conditionnelle introduite par *quand*. ● La phrase subordonnée conditionnelle introduite par *si* : - *si* présent / futur ; - *si* imparfait / conditionnel présent ; - *si* plus-que-parfait / conditionnel présent ou passé. ● La phrase segmentée au conditionnel. ● La phrase causale avec extraction (*C'est parce que ... que*). ● La phrase exprimant la conséquence et réalisée par des moyens morpho-syntaxiques et lexicaux (*permettre, entraîner*, au futur). ● Les modalités de l'approbation et du désaccord (*à mon avis, estimer, considérer*). ● Les modalités portant sur l'éventualité d'un évènement. ● L'opposition des relatifs *ce que* et *ce qui*. ● Syntaxe : transformations de phrases nominales en phrases verbales.	1. Qui va payer le taxi ?. 2. La boule de cristal. 3. Avec ou sans toi, je pars. 4. Le rêve du coureur cycliste. 5. La voyante et l'homme politique. 6. Comment voyez-vous l'avenir énergétique ? 7. Le jeu des « si ». 8. Si c'était une fleur...	● Les valeurs de la société française contemporaine. ● Les changements prévus pour les années 1980 dans les domaines suivants : social, industriel, technique, géographique, médical, etc.	● Canevas de jeux de rôles. ● Exercices à choix multiples. ● Trois jeux : - « La maison de vos rêves ». - « Le voyage dont vous avez envie ». - « Si Napoléon, Archimède etc. revenaient sur terre ». ● Être heureux pour un jeune d'aujourd'hui, qu'est-ce que c'est ? ● Être arrivé pour vous, qu'est-ce que c'est ? ● Exercices sur l'hypothèse, la conséquence et l'éventualité. ● Exercices syntaxiques : développement de texte, articulation entre les énoncés, mise en relief du thème et du prédicat.	● Bande dessinée de Bosc. ● Météorologie (*Le Figaro*). ● Bande dessinée de Brétécher. ● Dessin et texte de Sempé. ● Sondage SOFRES : Les valeurs « En quoi les Français ont-ils confiance ? » ● Chanson : *Le Temps des Cerises*. ● Poème d'Hélène Martin : *L'amour a cassé sa pipe*. ● Les changements des années 80 (d'après *Le Point*). ● Publicité : Les changements futurs vus par la Société « l'Air liquide ».

OBJECTIFS	Exemples	Thèmes	Activités	Documents
OBJECTIFS FONCTIONNELS • Donner un ordre. Interdire. • Demander un service. • Refuser ou accepter de rendre ce service. • Temporiser. • Suggérer. • Donner des conseils. • Présenter des arguments pour convaincre. **OBJECTIFS LINGUISTIQUES** • L'impératif à la forme affirmative et négative. • Les propositions infinitives à la forme négative et interro-négative. • Les phrases impersonnelles suivies de l'infinitif. • Les prépositions *pour, avec, sans*, liées à l'expression du résultat. • Les différents registres de la demande.	1. Vos papiers, s'il-vous-plaît ! 2. Mange ta soupe ! 3. Tu peux me prêter 500 « balles » ? 4. Vous ne pourriez pas me rendre un petit service ? 5. Mademoiselle Sylvie 6. Qu'est-ce que tu as ? 7. Qu'avez-vous ? 8. Je n'ai pas de conseil à vous donner, mais... 9. Jamais le dimanche. 10. Comment faire pour avoir la « bagnole » ? 11. Comment faire pour gagner du « fric » ?	• Les interdits et les prescriptions de type social. • Les stratégies de la demande. • Art de la table et gastronomie. • Divers modes de contacts sociaux (comment négocier, communiquer et entrer en contact avec quelqu'un).	• Canevas de jeux de rôles. • Exercices à choix multiples. • Deux jeux : - « Le compartiment de train ». - « Êtes-vous diplomate ? ». • Savoir exposer un problème et sa solution. • Analyser les registres de langue. • Trouver la bonne tactique pour obtenir un service. • L'art de convaincre : analyse d'un texte écrit. • Analyse de comportements sociaux à travers un test de communication.	• Bande dessinée de Brétécher. • Quelques interdits : Affiches, pancartes, panneaux. • Interdiction de fumer : (*Comité français contre le tabagisme*). • Protection de la forêt française. • Conseils de la S.N.C.F. aux voyageurs. • Conseils pour mieux vivre (extraits d'une encyclopédie). • Comment se comporter en voyage (Publicité d'une Compagnie d'Assurances). • L'art de la table et la gastronomie (Publicités). • L'art de la parole (*Nouvel Observateur*). • Dessin de Sempé. • *Des tests pour mieux communiquer* (extraits — Éditions Retz).

Le passé, c'était hier...

ambiance

Bien coiffés, bien vêtus,
ils regardaient droit devant eux,
conscients de poser pour l'éternité...

... Un instant leurs rêves s'arrêtaient,
se fixaient, sur le mystère d'un appareil
et sur l'homme-magicien.
Puis ils s'échappaient, s'envolaient
à nouveau vers cet avenir dont un jour
il ne resterait que cet instant arrêté,

cette photo jaunie...

situations

■ *LES TOMATES*

Autrefois, les tomates avaient du goût.
Elles étaient rouges et fermes.
Les fleurs sentaient bon.

■ *MOI,*
   DE MON TEMPS ...

Autrefois,
les enfants avaient les cheveux courts,
ils portaient un uniforme,
ils se levaient tôt.
Les maîtres étaient sévères
et les punissaient
quand ils ne savaient pas
leurs leçons par cœur.

■ CHEZ LE JUGE

— *Vous avez volé une moto,*
vous l'avez laissée au coin d'une rue...
Êtes-vous d'accord sur les faits ?

Il avait laissé les clés sur la moto
et pendant qu'il achetait des médicaments,
j'ai filé avec la moto.

F. Lebrun et J.-P. Léaud
dans *La Maman et la Putain*, un film de J. Eustache.

■ UN DROLE DE RÊVE

J'avais peur, je voulais partir
mais je ne pouvais pas...
J'avais l'impression
d'être clouée sur mon siège.

■ LA FABLE DE PERRETTE

Perrette
s'en allait au marché.

Sa voiture trottinait
et la belle rêvait.

Le rêve
est en morceaux.

Illustration de Gustave Doré
pour la fable de La Fontaine.

LA LAITIERE ET LE POT AU LAIT. Fable CXXXIV.

« Adieu veau, vache, cochon, couvée. » (La Fontaine)

à lire et à découvrir

Souvenirs d'enfance

LE matin, à six heures, il faisait encore nuit. Je me levais en grelottant[1] et je descendais allumer le grand feu de bois ; puis je préparais le café que j'avais moulu[2] la veille pour ne pas réveiller ma mère. Pendant ce temps, mon père se rasait. Au bout d'un moment, on entendait grincer[3] au loin la bicyclette de l'oncle Jules, ponctuel[4] comme un train de banlieue : son nez était aussi rouge qu'une fraise, il avait de tout petits glaçons dans sa moustache et il frottait vigoureusement ses mains l'une contre l'autre, comme un homme très satisfait.

Nous déjeunions devant le feu, en parlant à voix basse.

Puis, la course de Lili résonnait[5] sur la route durcie.

Je versais pour lui une bonne tasse de café, qu'il refusait d'abord, en disant :« je l'ai déjà bu » - ce qui n'était pas vrai. Ensuite, nous partions tous les quatre, avant le lever du jour.

Dans le ciel de velours violet, les étoiles brillaient, innombrables. Ce n'étaient plus les douces étoiles de l'été. Elles scintillaient[6] durement, claires et froides, cristallisées[7] par le gel[8] de la nuit... Sur la Tête Rouge, que l'on devinait dans l'ombre, une grosse planète était pendue comme une lanterne[9], si proche que l'on croyait voir l'espace derrière elle. Pas un bruit, pas un murmure, et dans le silence glacé nos pas sonnaient sur les dures pierres de Noël.

Marcel PAGNOL : *Le château de ma mère* (extrait).

© Marcel Pagnol, 1957.

1. *Grelotter* : trembler de froid.
2. *Moulu* : du verbe moudre : mettre en poudre.
3. *Grincer* : produire un son aigu, perçant.
4. *Ponctuel* : toujours à l'heure.
5. *Résonner* : produire un son prolongé (la cloche résonne).
6. *Scintiller* : briller par éclats (le diamant scintille).
7. *Cristallisées* : ici, ayant l'apparence du cristal.
8. *Le gel* : substantif, du verbe geler : transformer en glace.
9. *Une lanterne* : lampe ancienne dans laquelle la lumière était abritée du vent.

Les riches... et les pauvres

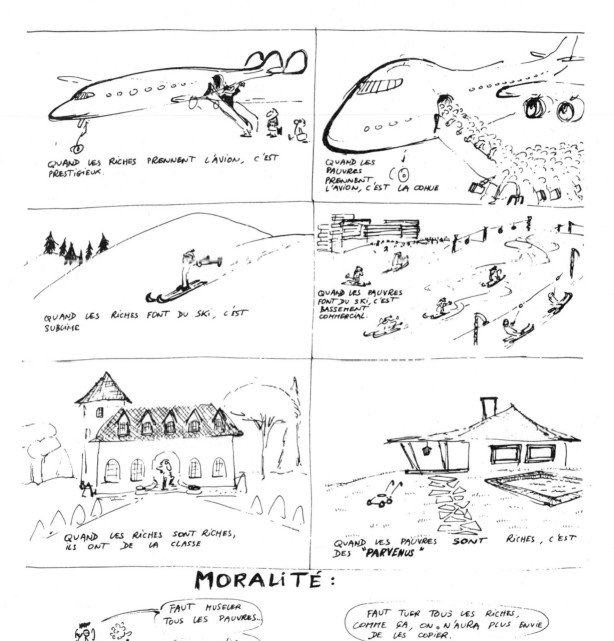

Reiser : *On vit une époque formidable* © Reiser et Albin Michel S.A.

pratique de la langue

Les habitudes d'autrefois

*« Quand les riches mangeaient
du poulet tous les jours, c'était du luxe »
(Reiser)*

L'imparfait sert à décrire un état ancien ou rapporter des habitudes anciennes.

EXERCICE 1

■ **Complétez les phrases suivantes, selon votre opinion :**

- Quand les femmes ne travaillaient pas...

- Quand elles ne votaient pas...

- Quand les jeunes ne faisaient pas de politique...

- Quand les personnes âgées vivaient chez leurs enfants...

- Quand on se mariait jeunes...

- Quand le divorce était très rare...

- Quand les pauvres n'allaient pas en vacances...

- Quand la télévision n'existait pas...

- Quand on voyageait en paquebot...

- Quand il n'y avait pas d'électricité...

- Quand l'école n'était pas obligatoire...

EXERCICE 2

■ **Répondez par écrit aux questions suivantes sur l'évolution des mœurs :**

a Le mariage et la famille

- Autrefois on ne vivait pas ensemble si on n'était pas mariés. Croyez-vous que c'était mieux ?

- Jadis, est-ce que les gens se mariaient pour avoir des enfants ?

- Est-ce que le mariage était plus solide quand il y avait beaucoup d'enfants ?

- Est-ce que les enfants étaient mieux élevés quand les femmes ne travaillaient pas à l'extérieur ? Et est-ce que la famille était plus stable ?

- Est-ce que le fait d'avoir un métier est aussi important pour une femme que pour un homme ?

b les jeunes

- En France, il y a peu de temps, la majorité était à 21 ans. Maintenant elle est à 18 ans. Est-ce un progrès ?

- Avant 1968, les jeunes ne faisaient pas de politique dans les lycées. Est-ce que c'était positif ?

- Jadis, un plus grand nombre de jeunes avaient une éducation religieuse. Est-ce que c'était mieux ?

- Les jeunes d'aujourd'hui qui ont plus de liberté qu'autrefois sont-ils plus heureux ?

- Pensez-vous que les jeunes doivent recevoir la même éducation que leurs parents ?

- Les parents doivent-ils être des copains pour leurs enfants ?

c Le troisième âge

- Jadis les gens prenaient leur retraite très tard. Est-ce que c'était souhaitable ?

- Autrefois, les personnes âgées vivaient chez leurs enfants. Maintenant, il existe des maisons du troisième âge. Est-ce un progrès ?

- Avec le progrès de la médecine, est-ce que les « vieux » vivent mieux maintenant ?

- De nos jours beaucoup de personnes âgées ont le téléphone, mais on leur rend moins visite. Est-ce mieux ?

- Actuellement, il est possible d'arrêter la souffrance des grands malades par l'euthanasie, qu'en pensez-vous?

1. Le troisième âge : ce terme sert à désigner l'ensemble des personnes âgées (à partir de 65 ans environ).

EXERCICE 3

■ **Analyser un récit décrivant des habitudes d'autrefois**

(cf. le texte de Marcel Pagnol : extrait de *Le Château de ma mère*, page 5).

Le décor :

- Relever tous les éléments de ce texte qui indiquent le froid.

- Relever tous les éléments qui indiquent la lumière (ou l'absence de lumière).

- Classer dans deux colonnes : les bruits et les éléments suggérant le silence.

Les actions :

- Dégager les actions seules et faites un récit en les enchaînant à l'aide de mots de coordination (et, puis, ensuite, en). Le récit doit être à l'imparfait et au plus-que-parfait quand c'est nécessaire.

COMPRENDRE LES DIFFÉRENTS MOMENTS DE L'ACTION

AU PRÉSENT « en ce moment »
Maintenant « en ce moment »

4. Je suis en train de travailler.

5. Je travaille.

6. Je continue à travailler.

3. Je commence à travailler.

2. Je vais travailler.

1. Je ne travaille pas encore.

AU PASSÉ « A ce moment-là »

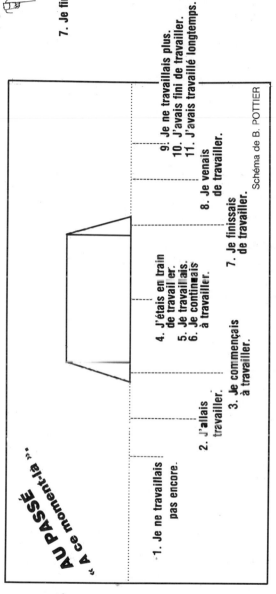

1. Je ne travaillais pas encore.

2. J'allais travailler.

3. Je commençais à travailler.

4. J'étais en train de travailler.
5. Je travaillais.
6. Je continuais à travailler.

7. Je finissais de travailler.

8. Je venais de travailler.

9. Je ne travaillais plus.
10. J'avais fini de travailler.
11. J'avais travaillé longtemps.

Schéma de B. POTTIER

7. Je finis de travailler.

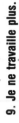

8. Je viens de travailler.

9. Je ne travaille plus.

10. J'ai fini de travailler.

EXERCICE : Situez sur le tableau les différents moments des actions indiquées par les verbes en gras.

- Quand il est arrivé, sa moto **avait disparu.**
- Quand je suis arrivé à l'aéroport, l'avion **venait de décoller.**
- Quand je les ai connus, ils **étaient en train de divorcer.**
- Quand tu m'as téléphoné, je **finissais de réparer** l'électricité.
- Quand je suis passée dans le hall, il **lisait** son journal.
- Quand les syndicats ont décidé la grève, les ouvriers **avaient déjà cessé** le travail.
- Au moment où **il allait répondre, on venait de raccrocher.**

Décrire des actions passées

On peut décrire :

- l'action en cours au moyen de l'**Imparfait** :
  - Que **faisait-il** quand on lui a volé sa voiture ?
  - Il **était en train d'**acheter (**il achetait**) quelque chose à la pharmacie.

- ce qui s'était passé avant cette action au moyen du **Plus-que-parfait** :
  - Il **avait laissé** la clé de contact sur sa moto.

EXERCICE 1

« Je préparais le café que j'avais moulu la veille
pour ne pas réveiller ma mère. »
(Marcel Pagnol : *Souvenirs d'enfance)*

■ **Mettez en rapport les actions suivantes :**

- Je ne pouvais pas dormir	si je restais encore ici longtemps
- Il m'apportait le thé	ce que j'avais voulu lui dire
- Il m'avait demandé	pourquoi elle allait le quitter
- Il ne comprenait pas	qu'il m'avait préparé
- Tu avais demandé	parce qu'elle n'était pas encore rentrée
- Il ne savait pas	ce qui s'était passé.

EXERCICE 2

■ **Répondre en niant l'affirmation (faites un phrase négative) :**

▶ **EXEMPLE**

- **Vous m'aviez dit que ma chambre donnait sur la mer.**
- **Je ne vous avais pas dit que votre chambre donnait sur la mer.**
- Tu m'avais promis de m'écrire, tu as oublié ?
- On m'avait dit que je serais remboursé en cas d'annulation.
- J'avais réservé une table au bord de l'eau. Celle-ci est mal placée.
- Puisque tu avais vu l'agent, pourquoi as-tu brûlé le feu rouge ?
- Vous aviez compris que le rendez-vous était à 7 heures ?
- Vous m'aviez dit que le film était à 9 heures. Vous vous êtes trompé.
- Tu es sorti sans parapluie, par un temps pareil ?

EXERCICE 3

■ **Répondez en proposant une explication ou en utilisant l'explication fournie entre parenthèses :**

▶ **EXEMPLE**

- **Hier, c'était l'anniversaire de sa femme et il est rentré à minuit ! (oublier)**
- **Il avait oublié que c'était son anniversaire.**
- La première fois qu'il a passé son bac, il a échoué. (ne pas travailler).
- J'ai mis 3 francs dans le parcmètre, et le ticket n'est pas sorti. (il faut appuyer sur un bouton).
- Je ne comprends pas pourquoi elle n'est pas venue à la réunion. (être malade).
- Je roulais doucement, je ne comprends pas pourquoi l'agent a sifflé. (brûler un feu rouge).
- Il n'a pas compris pourquoi le contrôleur lui a fait payer une amende. Il avait son billet. (composter).
- Je suis arrivée trop tard. Il n'y avait plus personne. (se tromper d'endroit)

EXERCICE 4

■ **Imaginez une réponse :**

- Il réclame une augmentation, qu'est-ce que vous lui aviez promis ?
- Vous aviez travaillé longtemps dans cette maison quand on vous a licencié ?
- Vous avez eu le temps de préparer ce bon dîner en rentrant du bureau ?
- Il avait vécu combien de temps en France avant de se marier ?
- Tu t'étais présenté combien de fois à l'examen avant de réussir ?
- Vous avez été cambriolé ; la porte était fermée à clé ?
- Vous étiez déjà venu ici ?
- Vous l'aviez déjà rencontré ?

Observez

- Vous êtes parti **en courant.**
- Elle a raconté son histoire **en pleurant.**
- Je fumais toujours **en travaillant.**
- J'écrivais **en écoutant** de la musique.
- Nous regardions les informations télévisées **en dînant.**

Les deux actions sont simultanées.
La préposition **en** suivi du participe présent exprime la simultanéité.

Conjuguez l'imparfait

Remarquez les terminaisons :

Acheter : j'achet**ais**
tu achet**ais**
il (elle) achet**ait**
nous achet**ions**
vous achet**iez**
ils (elles) achet**aient**

Comparez les phrases

- ■ Le café **que** j'avais moulu la veille.
- □ Le café **qui** fumait dans la tasse.

- ■ Une tasse de café **qu'**il refusait.
- □ Le feu **qui** brûlait dans la cheminée.

- ■ La Tête Rouge **que** l'on devinait dans l'ombre.
- □ Les pas **qui** résonnaient sur la route.

- ■ Le pronom relatif **que** désigne l'objet du verbe.
- □ Le pronom relatif **qui** désigne
   le sujet du verbe.

Les verbes suivants se conjuguent comme ACHETER :

laisser - employer - déjeuner - refuser - fumer - manger - préparer - travailler - se coucher - se marier - divorcer - gagner (sa vie, de l'argent, du temps) - aller - devoir - pouvoir - vouloir - savoir - avoir - venir - partir - permettre.

Attention :
prendre : je prenais
faire : je faisais
finir : je finissais
lire : je lisais
croire : je croyais
falloir : il fallait

Rappelle-toi Barbara
Il pleuvait sans cesse sur Brest ce jour-là
Et tu marchais souriante
Épanouie ravie ruisselante
Sous la pluie
Rappelle-toi Barbara
Il pleuvait sans cesse sur Brest
Et je t'ai croisée rue de Siam

Rappelle-toi Barbara
Et ne m'en veux pas si je te tutoie
Je dis tu à tous ceux que j'aime
Même si je ne les ai vus qu'une seule fois
Je dis tu à tous ceux qui s'aiment
Même si je ne les connais pas
Rappelle-toi Barbara
N'oublie pas
Cette pluie sage et heureuse
Sur ton visage heureux
Sur cette ville heureuse
Cette pluie sur la mer
Sur l'arsenal
Sur le bateau d'Ouessant
Oh Barbara
Quelle connerie la guerre
Qu'es-tu devenue maintenant
Sous cette pluie de fer
De feu d'acier de sang
Et celui qui te serrait dans ses bras
Amoureusement
Est-il mort disparu ou bien encore vivant
Oh Barbara
Il pleut sans cesse sur Brest
Comme il pleuvait avant
Mais ce n'est plus pareil et tout est abîmé
C'est une pluie de deuil terrible et désolée
Ce n'est même plus l'orage
De fer d'acier de sang
Tout simplement des nuages
Qui crèvent comme des chiens
Des chiens qui disparaissent
Au fil de l'eau sur Brest
Et vont pourrir au loin
Au loin très loin de Brest
Dont il ne reste rien.

Jacques PRÉVERT : *Barbara*, © Gallimard, 1972.

Brest : la rue de Siam vers 1935.

Tu souriais
Et moi je souriais de même
Rappelle-toi Barbara
Toi que je ne connaissais pas
Toi qui ne me connaissais pas
Rappelle-toi
Rappelle-toi quand même ce jour-là
N'oublie pas
Un homme sous un porche s'abritait
Et il a crié ton nom
Barbara
Et tu as couru vers lui sous la pluie
Ruisselante ravie épanouie
Et tu t'es jetée dans ses bras

A la manière de Prévert, faites un court poème rappelant un souvenir.

pour aller plus loin

Changements de société

■ Le mariage

(Textes extraits d'un article de l'hebdomadaire *Le Point*, n° 358, 30 juillet 1979.)

Les raisons

« Autrefois les femmes n'étaient " reconnues " qu'en se mariant.
En attendant de devenir l'épouse de Monsieur X, on était en sursis.
On n'était pas quelqu'un de complet aux yeux des autres ».
On se marie pour un logement, du travail et surtout pour l'enfant :
« Quand nous étions deux, notre façon de vivre ne regardait que nous ».
(Christine, 25 ans, infirmière).

Des contradictions

Des exigences contradictoires : ce qu'on attend du mariage : la permanence des sentiments. « C'est beaucoup trop. On veut l'intimité et l'ouverture, la stabilité et le mouvement, l'intensité et la durée, l'union et l'autonomie. On exige la durée sans habitude, la sécurité sans la contrainte, la liberté sans la solitude. On réclame l'exclusivité et on craint l'abandon, mais on considère comme impossible d'aimer la même personne toute la vie ».
(Odile Bourguignon)

Qui est responsable ?

« Ce ne sont pas les individus qui sont responsables de l'échec du mariage, c'est l'institution elle-même qui est originellement pervertie ».
(S. de Beauvoir)

Résultat

Ça craque davantage et plus vite. Les divorces ont doublé en douze ans.

Et pourtant...

De l'avis général, c'est encore à deux qu'il est le plus agréable de vieillir. Et le mariage apparaît finalement comme la démocratie selon Churchill : « Le pire des régimes à l'exception de tous les autres... »

Et à l'avenir... ?

Mariage
et cohabitation

Aujourd'hui...

Un ajusteur et une vendeuse :

« On s'est connus à cinq minutes de la fin d'un bal, on s'est dit « à mardi » ! et on est restés ensemble parce qu'on devait rester ensemble ».

« On se plaît, on s'aime et sans trop l'avoir décidé on finit par faire studio commun ».

Un chômeur et une enseignante qui se sont connus au lycée :

« On a vécu un an en se voyant très souvent, mais ce n'était plus possible de continuer. Alors un soir, je me souviens, les parents étaient partis en Espagne, elle est restée chez moi. Au retour, ils ont fait la gueule ; on a cherché une piaule. »

Les cohabitants sont-ils différents des gens mariés ?

Pas tellement. Mêmes rites : avec le sacro-saint repas dominical en famille. Mêmes obligations : les frais doivent être partagés, la fidélité est nécessaire.

« La cohabitation offre toutes les apparences de la transgression des tabous sociaux. Mais il ne s'agit que d'apparence, parce qu'en réalité elle sauvegarde les valeurs fonda-mentales du couple ».

Odile Bourguignon (Psychologue)

■ La cohabitation ou le mariage à l'essai

« J'ai l'honneur de ne pas te demander ta main... » 44 % des jeunes couples ont choisi le mariage à l'essai. Ils vivent en cohabitation.

Depuis une dizaine d'années, des couples en nombre croissant, négligent de « graver leur nom au bas du parchemin ». Ils n'y consentent parfois qu'à la naissance d'un enfant. On les appelle des « co-habitants ». Cette pratique est inégalement répartie :

    4 % d'agriculteurs
30 % d'ouvriers
21 % d'employés
13 % de cadres

Pourquoi ?

Un homme : « Je ne veux pas être récupéré par le système. »
Une femme : « Le mariage n'est plus nécessaire à mon émancipation. C'est au contraire un carcan. »

A VOUS DE RÉPONDRE

Après avoir lu les textes ci-dessus pouvez-vous répondre aux questions suivantes :

- *Quel est le pourcentage des jeunes couples qui vivent ensemble avant de se marier ?*
- *Qu'est-ce qui les décide à se marier ?*
- *Qu'est-ce qu'ils attendent du mariage ?*
- *La vie des couples qui co-habitent est-elle très différente de celle des gens mariés ?*
- *Autrefois, pourquoi les gens se mariaient-ils ? Et maintenant ?*
- *Est-ce que les mariages durent plus longtemps qu'avant ?*
- *Dans votre entourage, pourquoi se marie-t-on ?*
  - pour faire comme tout le monde (pression sociale)
  - par intérêt (avoir une belle situation, un bel appartement, de l'argent)
  - par amour
  - pour avoir des enfants
  - pour payer moins d'impôts
  - pour changer de nom
  - pour quitter ses parents
  - pour ne plus être seul
  - pour avoir plus de liberté
  - pour avoir plus de sécurité
  - pour faire plaisir à ses parents

Le mariage, c'est démodé

Nous vous en parlions il y a quelques temps *(La Vie, n° 1928)*. En 1981, plus de 100 000 enfants sont nés de parents non mariés. Chaque année, ce chiffre augmente. Et on assiste au même phénomène dans tous les pays occidentaux développés. Le mariage en tant qu'institution est donc remis en cause, en particulier par les jeunes générations.

Dans son numéro d'octobre le mensuel *Parents* publie un sondage sur les Français et le mariage qui révèle effectivement que, sur cette question, les jeunes de moins de 25 ans ont un point de vue différent de celui de leurs aînés. 20 % d'entre eux sont plutôt opposés au mariage, le trouvant « démodé et inutile », et 35 % pensent qu'il s'agit là d'une institution périmée.

Pourquoi cette désaffection croissante pour le mariage ? Vient en premier lieu le refus ou la crainte de prendre un engagement définitif et une difficulté plus grande à se séparer. L'évolution des mœurs et le refus de prendre en compte certaines valeurs viennent après, et à peine 5 % des personnes interrogées attachent de l'importance aux facilités accordées à la vie en concubinage depuis dix ans.

Les moins de 25 ans, en majorité (52 %), estiment que le nombre des mariages va continuer à baisser. Mais chez ceux, encore nombreux, qui acceptent le mariage, c'est l'amour et de loin qui reste la principale raison de se marier. Autre chose à préciser, la religion tient un rôle important dans ce domaine. Un catholique pratiquant sur 18 se déclare opposé au mariage, opinion qui est le fait d'un non croyant sur trois.

Sommes-nous devant un phénomène irréversible ? Ou, au contraire, s'agit-il d'une crise temporaire ? Il est difficile de se prononcer catégoriquement. L'amour nomade n'est pas chose neuve. C'était une pratique courante à certains moments de l'histoire. Les choses sont-elles comparables ? N'assiste-t-on pas à une transformation fondamentale, à la naissance d'une nouvelle société ?

Geneviève LAPLAGNE
La Vie, 7-13 octobre 1982, n° 2863

Les femmes et le travail

AUTREFOIS

Analphabétisme

Un examen des registres des mariages d'une grande ville comme Toulouse atteste qu'en 1789, 54 % des hommes qui se mariaient, pouvaient signer leur nom mais seulement 20 % de leurs jeunes épouses.

Les usines employaient des femmes et des fillettes

Vers 1850, à mesure que l'industrie textile se développait, on y employait davantage de femmes et de fillettes, habiles, rapides et moins payées que les hommes. Les filatures anglaises employaient trois femmes pour deux hommes. A Lynn, dans le Massachussetts, une usine de chaussures occupait en 1850, 6400 femmes pour 3500 hommes. Elles ne recevaient que 37 dollars alors que les hommes en touchaient 75.

1. Informations recueillies dans l'ouvrage Evelyne Sullerot : *Histoire et Sociologie du travail féminin,* Gonthier, 1968.

La journée de travail et le salaire

Malgré treize heures de travail quotidien sans lever la tête de son travail, une dentellière de Gand, en Belgique, ne pouvait que se procurer le pain et le charbon pour elle et son enfant. C'était tout. Pour le reste, il lui fallait, étant seule, compter sur la charité publique.

Pour la ville de Paris tout entière, en 1870, la moyenne des salaires féminins était de 2,14 francs par jour et la moyenne des salaires masculins de 4,75 francs, c'est-à-dire plus du double.

L'image de la féminité...

Au XIXᵉ siècle, les secrétaires étaient des hommes. Alexandre Dumas était révolté par les femmes demandant cet état. Il affirmait que les femmes perdaient de leur féminité en mettant le pied dans un bureau.

Une filature dans les Vosges (XIXᵉ siècle).

Mais où sont donc les bas salaires ?[1]

Qui sont les « mal-payés » ? Comment vivent-ils ? Une enquête du C.E.R.C.[2] révèle une population beaucoup plus variée que l'on ne croit et bouscule des idées reçues.

Ne soyez pas femmes ! Ne soyez pas jeunes ! Ne travaillez pas dans une petite entreprise ! Fuyez le Sud-Ouest ! A lire le rapport du C.E.R.C, on pourrait donner ces cruels et impossibles conseils pour échapper à la fatalité des basses rémunérations. En effet, si les titulaires de bas salaires ne représentent que 13 % de la population masculine salariée, ce pourcentage atteint 33 % pour les femmes. Et celles-ci, quel que soit leur âge, sont toujours, en plus grand nombre que les hommes, payées à des salaires dérisoires. La quasi-totalité des jeunes âgés de moins de 18 ans sont des bas-salariés, mais pour les hommes, cette proportion diminue très vite chez les plus de 25 ans : on n'en trouve plus que 7 % chez les salariés âgés de 26 à 30 ans et 5 % chez les 31-40 ans. Que les bas salaires se rencontrent surtout parmi les apprentis, les manœuvres, les employés de commerce, chacun s'en doute, mais sait-on qu'ils représentent 33 % du personnel des entreprises de 1 à 5 salariés, alors que dans les sociétés de plus de 500 personnes ils ne sont plus que 8 %. Quant aux régions, c'est le Sud-Ouest qui l'emporte avec le noir record de 34 %, contre 7 % à Paris.

▶ Les apprentis et les jeunes de moins de 18 ans (11 % des bas-salariés). Ils sont en grande majorité (62 %) issus d'une famille ouvrière, et les garçons y sont beaucoup plus nombreux que les filles : 68 % contre 32 % ; 41 % d'entre eux ont un contrat à durée déterminée.

1. *Le Point,* n° 496, 22 mars 1982.
2. *C.E.R.C. :* Centre d'Études des Revenus et des Coûts.

▶ Les smicards (32 %), composés pour moitié d'ouvriers spécialisés et de manœuvres. Les femmes y sont largement majoritaires (64,5 %), et près d'un tiers d'entre elles travaillent dans le textile et l'habillement. La stabilité d'emploi — sans doute par nécessité — est exceptionnelle : 90,5 % n'ont eu qu'un seul employeur.

Le Monde, 22 janvier 1980.

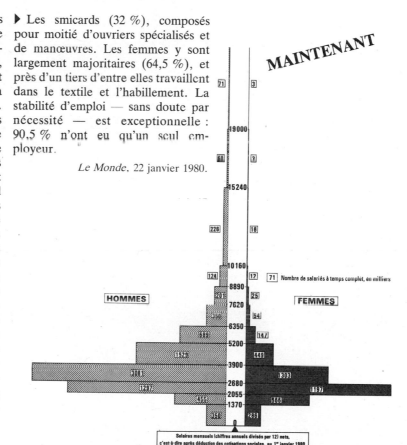

MAINTENANT

HOMMES — FEMMES

71 Nombre de salariés à temps complet, en milliers

Salaires mensuels (chiffres annuels divisés par 12) nets, c'est-à-dire après déduction des cotisations sociales, au 1ᵉʳ janvier 1980.

Questionnaire sur la situation des femmes

■ L'analphabétisme : dans votre pays, y a-t-il une différence entre les hommes et les femmes à ce sujet ?

■ Le travail des femmes et des hommes dans l'industrie est-il rémunéré de la même façon ?

■ Le travail dans les bureaux : les fonctions et les salaires sont-ils identiques ?

■ L'image de la féminité : de nos jours, une femme peut-elle s'épanouir en dehors d'une activité professionnelle ?

Que pensez-vous
de ces images
de la féminité ?

Le Maître de Moulins : *La Vierge*
(Renaissance).

La tentation d'Eve (XIIe siècle).

Toulouse-Lautrec : *La Modiste* (1900).

Modigliani : *Portrait de femme* (1917).

la peine
de mort
a été
supprimée
en France, le
9 octobre 1981

Une scène du film de Wajda : *Danton.*

Copie de l'article célèbre d'Émile Zola,
paru le 13 janvier 1898,
dans lequel il prend la défense de Dreyfus.

La peine de mort

La suppression de la peine de mort représente un change-ment de société important.

*Nous vous proposons ce thème pour apprendre à débattre.
Mais il vous faudra défendre une opinion qui n'est pas
forcément la vôtre.*

Débat : « J'accuse »

*Arguments
pour le maintien ou la suppression de la peine de mort.*

- ■ Encourage le crime.
- ■ Contribue à la sécurité des citoyens.
- ■ Développe le sentiment d'insécurité.
- ■ Freine la criminalité.
- ■ Développe la violence.
- ■ Est un facteur d'équilibre social.
- ■ Permet l'exercice de la justice.
- ■ Favorise l'esprit de vengeance.
- ■ Renforce le pouvoir établi.
- ■ Est contraire aux lois élémentaires de l'humanité.
- ■ Entraîne la dégradation des valeurs morales et religieuses.
- ■ Aboutit à l'anarchie et au désordre.
- ■ Reproduit chez les accusateurs la conduite des criminels.
- ■ Détruit l'esprit de justice.

Procédés linguistiques de l'argumentation : quelques formules utiles pour l'accusation et pour la défense.

Accusation	Défense
Vous avez osé écrire (dire) que...	Je n'ai jamais dit (prétendu, écrit) que...
Vous prétendez que...	
Vous soutenez que...	Vous n'avez pas le droit de dire que...
Vous préconisez (recommandez)...	Vous oubliez que...
Votre texte est un plaidoyer pour...	Vous m'accusez de...
Vous êtes inculpé d'incitation à l'anarchie.	Je ne vous autorise pas à dire que...

Vous pouvez aussi faire ce débat sur les sujets suivants :
- Pour ou contre l'auto-défense.
- Pour ou contre le mariage.
- Pour ou contre l'armement atomique.

La crainte du châtiment (Le Petit Journal, 27 décembre 1908).

L'histoire de France à l'école

La cueillette du gui, par Henri Motte.

Nos ancêtres les Gaulois

« Les Gaulois étaient grands, forts et courageux.

Ils accueillaient les voyageurs avec empressement et leur donnaient une hospitalité généreuse.

Mais avec ces belles qualités, les Gaulois avaient aussi des défauts : ils étaient légers, querelleurs, curieux et grands parleurs. »

Les druides

« Les Gaulois ne connaissaient pas le vrai Dieu. Leurs prêtres s'appelaient druides et leur religion était le druidisme.

Les druides habitaient dans les forêts. Ils étaient à la fois prêtres, juges, médecins et éducateurs de la jeunesse.

Les Gaulois n'avaient point de temples. C'est au milieu des plus sombres forêts que les druides offraient leurs sacrifices.

Les Gaulois pensaient que le chêne avait le pouvoir de guérir toutes les maladies.

La récolte du gui était la principale cérémonie du culte druidique. Quand on avait découvert quelque rameau de gui sur un chêne, on gardait l'arbre avec soin. La dernière nuit de l'année, le chef des druides, vêtu de blanc, montait sur le chêne merveilleux et coupait le gui avec une faucille d'or. Au pied de l'arbre, d'autres druides, aussi vêtus de blanc, recevaient la plante sacrée sur une étoffe de lin. On en distribuait aux assistants et la fête se terminait par un grand repas. »

Cours de médecine au Moyen Age (miniature).

Les escholiers[1] au Moyen Age

« Les seigneurs, après les guerres, avaient ouvert quelques écoles au fond des monastères ou au pied des cathédrales. Elles étaient peu fréquentées parce que les batailles inquiétaient encore la population. A Paris, les écoles étaient groupées autour de la cathédrale, d'autres autour de la basilique Sainte-Geneviève.

Les habitants de Paris devaient aide plus protection à ces escholiers et à ces maîtres.

Les escholiers étaient souvent misérables et vivaient d'aumônes. »

D'après Charles GRAS : « *Autrefois et aujourd'hui* » A. Colin, 1910.

1. *Escholiers :* désigne les étudiants en ancien français.

Regards sur la province

Vue d'Angles-sur-l'Anglin (Poitou).

Pont sur la Vienne.

ACTIVITÉS DE PRODUCTION LIBRE

Paris : La rue Lepic en 1900... et en 1983

CHANGEMENTS

Quels sont les changements les plus importants intervenus dans votre pays depuis le dernier changement de régime ou depuis quelques générations ?

Vous choisissez trois ou quatre thèmes parmi les rubriques suivantes :

- **Le mode de vie et les mœurs :** les relations parents-enfants, les couples, les loisirs, le logement, la scolarisation...
- **La situation économique :** les transports, le niveau de vie, le chômage...
- **Le développement scientifique et culturel :** la santé, les médias, la vie artistique...
- **La situation socio-politique :** droit de vote, sécurité sociale, législation du travail, libertés...

Vous préparez par écrit quelques questions sur chaque thème et vous les formulez à l'imparfait; par exemple :
Est-ce que les gens avaient plus de temps libre il y a vingt ans? Où passaient-ils leurs vacances? Y avait-il du chômage? etc.

Ensuite, vous allez poser ces questions à deux ou trois personnes de la classe et vous discutez avec elles, soit pour demander des précisions, soit par exemple pour exprimer votre point de vue s'il est différent du leur.

Ensuite, vous discutez avec l'ensemble de la classe pour comparer vos points de vue.

LE PASSÉ ET LE PRÉSENT

- A votre avis, qu'est-ce qui était positif dans le passé, et qui n'existe plus maintenant ?
- Qu'est-ce qui était négatif dans le passé et qui n'existe plus ?
- Qu'est-ce qui était négatif dans le passé et qui existe toujours ?
- Y a-t-il eu progrès ?

textes

CANEVAS DE JEUX DE RÔLES

CANEVAS 1

Un enquêteur fait un sondage sur l'évolution des modes de vie d'une certaine catégorie sociale (à définir). Il interroge sur les changements intervenus dans la vie au cours des dix dernières années. Donc, il pose des questions pour savoir comment les gens vivaient il y a dix ans (par rapport à leur vie actuelle).

L'enquêteur pose des questions portant sur :

– Le travail ; les vacances et le temps libre ; les relations avec les amis et la famille ; les loisirs ; la pratique des sports ; la vie quotidienne.

CANEVAS 2

Trois personnages. Deux femmes et un homme ou une femme et deux hommes discutent du travail de la femme. Deux des personnages sont d'avis qu'il n'est pas indispensable que la femme ait une activité professionnelle. L'un des personnages est féministe et pour le travail de la femme.

– La personne 1 pose une question sur l'épanouissement dans le travail.
– La personne féministe pense que toutes les femmes doivent travailler.
– La personne 1 exprime ses doutes (cela dépend du travail).
– La personne 3 estime qu'un travail intéressant est moins nécessaire à la femme qu'à l'homme (la femme peut s'épanouir dans son foyer).
– La personne féministe demande si un homme peut s'épanouir dans son foyer ?
– Réactions des personnes 1 et 2 (suite de la discussion).

CANEVAS 3

Un jeune homme sort d'une grande librairie avec un sac de livres et sa serviette.

– Un inspecteur en civil veut vérifier ce qu'il a dans sa serviette.
– Le jeune homme se défend.
– L'inspecteur lui montre discrètement sa carte et lui demande son ticket de caisse.
– Le jeune homme le lui donne.
– L'inspecteur trouve un livre dans la serviette dont le prix ne figure pas sur le ticket de caisse.
– Le jeune homme lui explique qu'il l'avait acheté la semaine précédente.
– L'inspecteur lui demande de le prouver.
– Le jeune homme essaye de prouver qu'il n'a pas volé le livre.
– L'inspecteur écoute et agit.

Voici trois phrases. Une seule correspond à la situation.
Dites si c'est la première, la deuxième ou la troisième.

SITUATION 2
Moi, de mon temps...

1. Le voyageur est choqué de voir l'enfant fumer, parce que c'est interdit de fumer dans le métro.

   Il est choqué de voir l'enfant fumer parce que celui-ci n'a que douze ans.

   Le voyageur trouve normal de voir un enfant fumer.

2. Le voyageur, lui, fumait à 12 ans avec ses parents.

   Le voyageur ne fumait pas à 12 ans.

   De son temps, les jeunes fumaient en cachette.

3. L'enfant veut allumer une gauloise et demande du feu.

   L'enfant allume sa cigarette avec son briquet.

   L'enfant ne trouve personne pour allumer sa cigarette.

4. L'enfant dit au voyageur qu'il est méchant.

   L'enfant veut dire que le tabac des gauloises n'est pas très fort.

   L'enfant dit que les enfants qui fument ne sont pas méchants.

SITUATION 3
Chez le juge

1. Michel n'avait aucun papier.

   Michel avait tous ses papiers en règle.

   Michel n'avait que son permis de conduire.

2. Un agent a arrêté Michel au coin de la rue Victor-Hugo.

   Michel est parti en courant quand il a vu un agent.

   Il est parti en courant parce qu'il avait reconnu le propriétaire.

3. Il a eu peur parce qu'il avait oublié ses papiers.

   Il a eu peur parce qu'il avait volé la moto.

   Il a eu peur parce qu'il avait vu le propriétaire.

4. Michel savait à qui était la moto.

   Michel a volé la moto sous les yeux du propriétaire.

   Quand Michel a volé la moto, le propriétaire était en train d'acheter des cigarettes.

5. Le propriétaire avait pris les clés de contact.

   Le propriétaire avait laissé ses clés sur la moto.

   Le propriétaire avait laissé son casque sur sa moto.

6. Michel voulait faire une blague à son voisin.

   Michel voulait avoir une moto.

   Michel voulait se promener.

SITUATION 4
Un drôle de rêve

1. La jeune femme a fait un rêve étrange.

   La jeune femme a fait un rêve drôle.

   La jeune femme a fait un cauchemar.

2. Elle était dans un avion à côté d'un homme qui fumait.

   Elle était assise dans un train en face d'un homme qui lisait.

   Elle était debout dans le couloir d'un train contre un homme qui lisait.

3. Il cherchait à se faire remarquer d'elle.
Il faisait semblant de s'intéresser au paysage.
Il ne voulait pas qu'elle remarque qu'il la regardait.

4. Le voyageur avait l'air inquiet.
La jeune fille trouvait l'homme au journal inquiétant.
Le voyageur ennuyait la jeune femme.

5. Elle n'arrivait pas à sortir du compartiment.
Elle n'arrivait pas au terme de son voyage.
Elle finissait par sortir du compartiment.

SITUATION 5
La fable de Perrette

1. Perrette allait au marché à pied.
Perrette allait au marché dans sa « deux chevaux » Citröen.
Perrette conduisait trop vite.

2. Il faisait mauvais
Il faisait beau.
La route était glissante.

3. Perrette pensait à l'argent qu'elle avait gagné.
Perrette partait acheter un troupeau.
Perrette rêvait de l'avenir.

4. Perrette voulait élever une vache et puis un veau.
Perrette avait élevé cinq petits canards.
Perrette avait prévu la malchance.

5. La « deux chevaux » a crevé.
La voiture est tombée dans le fossé.
Perrette n'a pas vu les cinq petits canards.

Les femmes autrefois
(textes d'Evelyne Sullerot)

1. En 1789. il y avait plus d'hommes que de femmes qui. le jour de leur mariage. pouvaient signer les registres.
En 1789. plus de femmes que d'hommes pouvaient signer les registres de mariage.
Au XVIIIe siècle. un nombre égal d'hommes et de femmes ne savaient pas écrire leur nom.

2. Vers 1850. l'industrie textile payait également les hommes et les femmes.
Vers 1850. l'industrie textile employait moins de femmes et de fillettes que d'hommes.
Vers 1850. l'industrie textile exploitait les femmes et les fillettes.

3. Dans le Massachussetts. une usine de chaussures occupait davantage d'hommes que de femmes.
Dans une usine de chaussures du Massachussetts les femmes recevaient les mêmes salaires que les hommes.
Au XIXe siècle. à Lynn (Massachussetts) les femmes étaient beaucoup moins payées que les hommes.

4. A Paris. en 1870. la moyenne des salaires féminins était la même que celle des salaires masculins
La moyenne des salaires masculins était 2 fois plus élevée que celle des salaires féminins.
A Paris. en 1870. les femmes ne travaillaient pas.

5. Au XIXe siècle. les secrétaires étaient aussi bien des hommes que des femmes.
Au XIXe siècle. Alexandre Dumas encourageait les femmes à travailler.
Au XIXe siècle. les secrétaires étaient des hommes.

SITUATION 1
Les tomates

AU MARCHÉ

La cliente	Je ne veux pas de ces tomates, Monsieur, et je ne veux pas de ces poulets.
Le marchand	Pas de ces tomates ? Pas de ces poulets, mais pourquoi ?
La cliente	Moi, Monsieur, je fais de la cuisine, de la bonne cuisine.
Le marchand	Et alors ?
La cliente	Autrefois, les tomates étaient rouges, fraîches. Vos tomates sont vertes, regardez-les, elles sont vertes. Autrefois, les poulets étaient fermes. Vos poulets sont tristes, c'est de la gélatine, ils n'ont plus de goût. Et je peux continuer : avant le pain était croustillant, tendre, parfumé. Aujourd'hui, c'est du caoutchouc !
Le marchand	Eh, va donc ! Retourne à Marseille !

SITUATION 2
Moi, de mon temps

DANS UN TRAIN

L'enfant	Vous « auriez pas » du feu, Monsieur, s'il vous plaît ?
Le voyageur[1]	Non, je n'en ai pas. Mais comment ? Tu fumes à ton âge ?.
L'enfant	A mon âge ! Mais qu'est-ce que vous croyez ? J'ai 12 ans, moi.
Le voyageur[1]	Tu as 12 ans et tes parents te laissent fumer ?
L'enfant	Oh, vous savez, « ils me voient pas ». Et puis, chez moi mon père « i dit jamais rien ».
Le voyageur[1]	Moi, de mon temps....
L'enfant	« C'était pas » pareil hein ?.
Le voyageur[1]	Non, c'était défendu, mais, remarque....
L'enfant	Oui, quoi ?
Le voyageur[1]	On fumait en cachette.
L'enfant	Vous voyez ! C'était la même chose ! Et en plus, vous étiez hypocrites !....
Le voyageur[1]	Peut-être, mais nous, on était polis, on ne répondait pas aux grandes personnes.
L'enfant	Ça, c'est une gauloise. « C'est pas » méchant. Et vous, Monsieur, vous n'avez pas de feu non plus ?
Le voyageur[2]	Si, tiens.
L'enfant	Merci.
Le voyageur[1]	« Y a plus » d'enfants !

SITUATION 3
Chez le juge

DANS LE CABINET DU JUGE

Le juge	Vous avez laissé la moto au coin de la rue Victor Hugo et vous êtes parti en courant, c'est bien ça ?
Michel	Oui, Monsieur.
Le juge	Un agent vous a attrapé un peu plus loin et vous n'aviez pas de papiers ?
Michel	Non, Monsieur le Juge.
Le juge	Mais, il vous a rattrapé ?
Michel	Oui, Monsieur le Juge.
Le juge	Et avant que s'était-il passé ? Vous aviez volé la moto ?.
Michel	Oui, Monsieur le Juge.
Le juge	Où et à quelle heure ?.
Michel	A 6 heures, devant la pharmacie.
Le juge	Vous connaissiez le propriétaire ?
Michel	Oui, Monsieur le Juge. C'est un voisin.
Le juge	Quand vous avez volé la moto, que faisait-il ?
Michel	Il était en train d'acheter quelque chose à la pharmacie. Il avait laissé la clef de contact.
Le juge	Et qu'est-ce que vous vouliez faire avec cette moto ?
Michel	Be ... me promener.
Le juge	Et pourquoi avez-vous laissé la moto au coin de la rue Victor-Hugo ?
Michel	J'ai vu deux agents, alors j'ai eu peur.

SITUATION 4

Un drôle de rêve

UN JEUNE MÉNAGE AU RÉVEIL

Elle   J'ai fait un drôle de rêve, cette nuit.

Lui   Ah bon, raconte.

Elle   Voilà : j'étais dans un train, assise en face d'un homme qui lisait... Derrière son journal, il m'observait sans en avoir l'air... et il faisait comme si je ne voyais pas son manège...

Lui   Cela t'amusait ?

Elle   Pas du tout ! J'avais peur... il m'inquiétait... je voulais fuir...

Lui   Et tu ne pouvais pas partir ?

Elle   Non, je restais clouée sur mon siège...

Lui   C'était qui cet homme ?

Elle   Je ne l'avais jamais vu.

Lui   Allez ! On va prendre un bon café pour se réveiller !

SITUATION 5

La fable de Perrette
(d'après Jean de La Fontaine)

Par un beau jour d'été
Perrette
S'en allait au marché...
Sa voiture trottinait
Et la belle rêvait,
« Je vais vendre, pensait-elle
Dix grands paniers d'œufs
Quelle merveille !
Avec cet argent
Je pourrai acheter
Une vache, puis un veau,
Et peu de temps après
J'aurai tout un troupeau ».
Hélas,
Cinq petits canards venaient
cahin, caha,
Par le chemin montant,
Grand dieux ,
se dit Perrette,
Tandis que la voiture
tombait dans le fossé herbeux.
Adieux paniers pleins d'œufs.
Adieux veau, vache, troupeau.
Un tout petit canard
et vlan
Le rêve est en morceaux !

Texte littéraire

GRANGE s'ennuyait : il reprit le train pour la campagne (...). Il quittait l'auberge, le matin de bonne heure, ayant à sa droite la Vienne qu'on apercevait entre les peupliers encore nus, derrière ses longues écharpes[1] de brume. Soudain à un détour de la vallée, la nette petite ville de livre d'heures[2] au bout de son pont, levée avec le soleil, s'accrochait au flanc[3] de son coteau raisonnable, parmi les chemins de meuniers[4] tout enfarinés de poussière blanche, avec ses toits serrés d'écaille[5] bleue sortant de brouillards du matin plus nacrés[6] qu'un banc de goujons[7], et l'immense et large courtine[8] du château déroulée très haut au-dessus de ses maisons comme un bandeau royal, qu'on étire à deux bras de toute sa longueur. Il passait le pont avec les premières charrettes paysannes du marché et buvait de bonne heure, parfois à jeun, dans un minuscule café ombreux derrière ses caisses de fusains[9], le petit vin rosé des coteaux de la Vienne... en écoutant dans les étroites rues montantes les carrioles cerclées de fer et les tonneaux rouler sur le pavé rond.

Julien GRACQ : *Un balcon en forêt* (extrait).
© Librairie José Corti.

1. *Écharpe* : longue bande de tissu qu'on porte autour du cou..
2. *Livre d'heures* : recueil renfermant les prières de l'office divin.
3. *Flanc* : pente de la colline.
4. *Meunier* : fabrique de la farine.
5. *Écailles* : petites plaques qui recouvrent la peau de certains poissons.
6. *Nacré* : de nacre : substance brillante à l'intérieur de certains coquillages.
7. *Goujon* : petit poisson d'eau douce.
8. *Courtine* : mur droit entre deux tours de fortification.
9. *Fusain* : arbre ornemental à feuilles sombres et à fruits rouges.

Que s'est-il passé ?

ambiance

Farenheit 431, un film de F. Truffaut.

Week-end, un film de J.-L. Godard.

situations

■ *JE SUIS EN TRAIN DE PEINDRE*

Il était en train de peindre quand le téléphone a sonné. Il a répondu trop tard.

■ *MON CHEVAL A PERDU*

Mon cheval était sur le point de gagner, mais il est tombé et il a perdu.

P.M.U. (Pari Mutuel Urbain). Il s'agit de parier sur des chevaux qui participent à une course. Les gains varient en fonction du nombre des enjeux : plus il y a de parieurs sur un même cheval, moins les gains sont élevés.

■ L'AUTO-STOP

Péage de Fleury-en-Bière.

Je n'avais pas de quoi « bouffer »...
Il y a un « mec » pas possible qui a voulu me « draguer ».
Je l'ai envoyé promener parce qu'il avait une « sale gueule ».

LES MUST DU LANGAGE

La super-élégance aujourd'hui c'est de parler populaire. On dit « mec » à tout propos. Mais sans adjectif, c'est plus snob. Le préfixe « super » fait partie des « Must » du langage. On est « super-sympa ». Et les expressions 1930 font un retour très prisé. On revient à la petite « sauterie ». On est « dingo ».

Économie de mots avec des contractions, des altérations. On parle du déficit de la Sécu, du prix d'un appart (pour appartement) et des embouteillages sur le périph.

Disparus les « flûtes », les « zuts », les « tu plaisantes ». On dit « c'est pas vrai ». On parle de gens pas possibles, de spectacles pas possibles, de modes pas possibles. On exprime son mépris en disant de quelqu'un qu'il est « secoué », « givré », c'est-à-dire fou à lier. Chez les jeunes, on ne dit jamais « mes parents », mais « les parents ». Le « nous » est remplacé par le « on ». Plus relaxe. On se téléphone plus. On se file un coup de biniou. Et pour dîner dehors, on se fait une bouffe. Le « on va manger un morceau » date d'il y a cinq ans.

Sur les cartons d'invitation, changement de formule. La « tenue de soirée de rigueur » est remplacée par « tenue de soirée souhaitée ». Ou encore tenue de fête. Traduisez: vous pouvez vous habiller comme bon vous semble, ou même pas du tout si cela vous chante. Bref, on ne met plus son « smok ».

Le Figaro, 31 octobre 1979.

■ « Y A EU D'LA CASSE »

*Ils ont manifesté,
lancé des pierres
et cassé des vitrines.*

*Des milliers d'agents d'E.D.F. - G.D.F.
de toute la France ont participé hier
à une marche sur Paris...
Ce défilé a été l'un des plus importants
vus à Paris depuis de nombreux mois
La fête et le spectaculaire
y ont été à l'honneur.
Petits, grands et vieux ont fait du « sit-in »
sur le trottoir ou la chaussée
autour de bouteilles de bordeaux
et d'un camembert.
Aux Invalides, petit à petit,
la manifestation revendicative
s'est transformée en une véritable foire.*

Le Figaro, 17 mai 1980

■ J'AI ESSAYÉ D'APPELER

Ils ont attendu des invités qui ne sont pas venus
et qui n'ont pu prévenir.
Ils s'étaient trompés de numéro de téléphone.

■ GILLES A-T-IL UN ALIBI ?

Il a beaucoup bu.
Il dit qu'il est allé au cinéma
et qu'ensuite il a erré dans les rues.
Il ne se souvient pas de ce qu'il a fait
entre 6 heures et 9 heures.

à lire et à découvrir

Une revue de l'actualité française dans la presse parisienne et régionale

FAITS DIVERS

Il avait tué sa femme et provoqué un accident

Jean-Marie Letué n'avait pas supporté l'idée que sa femme désire divorcer

Élisabeth Letué est morte. Jean-Marie Letué est à l'hopital. L'histoire triste d'un couple déchiré qui commence par un meurtre et qui finit par un accident de la route. Dans un excès de colère, en voiture, Jean-Marie a poignardé Élisabeth. Ensuite, avec le cadavre de sa femme à ses côtés, il a percuté un camion de plein fouet avec sa R5 de location. Cela s'est passé sur une petite route, près de Béziers. Le magistrat instructeur a inculpé Jean-Marie Letué d'homicide volontaire.

Le Matin, 21 décembre 1982.

Le Maire de Rochefort avait giflé une jeune fille : un franc de dommages-intérêts

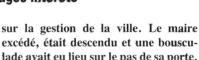

La Rochelle. — Le maire de Rochefort-sur-Mer (Charente-Maritime), M. Jean-Louis Frot (modéré), a été condamné par le tribunal de grande instance de cette ville à verser un franc de dommages-intérêts à une jeune fille, Mlle Catherine Lanoix, 20 ans, qu'il avait giflée.

Cette histoire remonte au mois de juin dernier. M. Frot avait été réveillé en pleine nuit par un groupe de personnes manifestant leur mécontentement sur la gestion de la ville. Le maire excédé, était descendu et une bousculade avait eu lieu sur le pas de sa porte. Le maire avait alors giflé la jeune fille et avait été lui-même pris à partie par un membre du groupe, M. Gérard Lacoste. Ce dernier a été condamné à 800 F d'amende.

Nouvelle République du Centre-Ouest, 16 décembre 1982.

Crime mystérieux près de Fontenay-le-Comte

FONTENAY-LE-COMTE. — Le mystère le plus complet enveloppe la macabre découverte faite hier matin vers 9 heures, sur un chemin départemental de la commune de Longèves, à 45 mètres de la route nationale 148 Fontenay-le-Comte – Sainte-Hermine. Le corps sans vie d'un homme gisait dans l'herbe allongé sur le côté droit, la tempe droite perforée par un projectile, la face taillardée et ensanglantée. Avant de connaître les circonstances exactes du drame, qui s'est déroulé dans la nuit de mardi à mercredi dans la rase campagne du sud Vendée, il s'agit d'abord pour les enquêteurs, d'identifier la victime : un homme de 35 ans environ, vêtu d'un pull-over rouge et d'un pantalon bleu-pétrole, portant à l'annuaire gauche une chevalière de métal jaune aux initiales S.C.

Ouest-France, 16 décembre 1982.

Après l'incendie de Palavas

Le bric-à-brac provenait des poubelles

Samedi un incendie se déclarait dans un appartement de Palavas, situé au second étage de l'immeuble Horizon 2000, au 11 du quai Maréchal-Juin. A l'intérieur pompiers et policiers devaient découvrir un invraisemblable bric-à-brac entassé partout du plancher au plafond.

Les deux autres appartements occupés à Montpellier, par les propriétaires M. et Mme Léon Deshaye, étant eux aussi bourrés de matériels des plus divers. Le couple était placé en garde à vue pour les besoins de l'enquête. D'autant qu'on avait découvert dans un appartement le portefeuille d'un voisin.

Mais M. et Mme Deshaye ont été remis en liberté : ils avaient simplement récolté ce bric-à-brac étrange dans les poubelles de Montpellier.

Midi Libre, 16 décembre 1982.

Un brochet de 32 livres pêché à Selles-Saint-Denis

Belle prise pour un citoyen de St-Viâtre, M. Julien Baudin, qui pêchait dans la Sauldre à Selles-Saint-Denis voici une quinzaine de jours. Avec l'aide de son beau-frère M. Giraud, de la Ferté-St-Aubin, il a tiré de l'eau un brochet de 120 cm de long et d'un poids de 32 livres, qui est allé rejoindre plusieurs poissons de belle taille dans le congélateur. Pour le réveillon de fin d'année, l'heureux pêcheur pourra inviter toute sa famille et ses amis.

Nouvelle République du Centre-Ouest, 16 décembre 1982.

SOCIAL

⟨o o⟩

La baguette à 60 centimes chez Leclerc

200 boulangers manifestent au Mans

LE MANS. — Pendant deux heures hier soir, environ deux cents artisans boulangers de l'agglomération du Mans ont manifesté et exprimé leur colère, bloquant partiellement l'accès au parking de l'hypermarché Leclerc d'Allonnes.

Ils protestaient contre ce que le CID-UNATI appelle une concurrence déloyale contre laquelle ils ne peuvent lutter. En effet, le magasin Leclerc affiche 60 centimes la baguette de 1 F le pain de 400 g. « 60 centimes, ont expliqué les boulangers, c'est tout juste le prix de la farine. Nous ne pouvons pas supporter de telles pratiques. Tout ce que nous voulons, c'est vivre ».

Les manifestants qui ont cherché, en vain, la direction de l'hypermarché s'en sont pris verbalement aux cadres du magasin et ont assuré qu'ils reviendraient, mais cette fois non plus pacifiquement.

Dans une déclaration, la direction a regretté qu'une corporation manifeste contre une entreprise qui ne fait qu'appliquer les tarifs promotionnels. De son côté, le C.I.D.-UNATI a envisagé de déposer une plainte auprès du procureur de la République.

On notera enfin que l'opération promotionnelle Leclerc intervient quelques jours après l'implantation d'un nouvel hypermarché au Mans.

Ouest-France, 16 décembre 1982.

⟨o o⟩

Bergeron à l'Élysée

Reçu hier par François Mitterrand à l'Élysée, André Bergeron a plaidé la cause de la politique conventionnelle. Elle est nécessaire « en tant qu'élément de défense des intérêts des salariés et en tant qu'élément de stabilité dont le gouvernement, dans le contexte de crise économique, a autant besoin que les gouvernements précédents » a-t-il réaffirmé au président de la République. Par ailleurs, André Bergeron a souhaité que les modifications apportées au système d'indemnisation du chômage ne soient pas rétroactives. Le décret du 24 novembre indique les nouvelles mesures qui seront appliquées aux anciens allocataires, soit à partir du 1er janvier pour les licenciés économiques, soit au 1er février pour les autres chômeurs. Enfin, le secrétaire général de F.O. ne croit pas vraiment à une « amélioration » du chômage.

Le Matin, 21 décembre 1982.

Dératisation du quartier Saint-Jacques

M. Paul Alduy, maire, fait connaître à ses administrés qu'en préparation de la dératisation générale de la ville de Perpignan qui sera organisée début 1983, il a demandé au bureau municipal d'hygiène d'entreprendre dès ce lundi 13 décembre, la dératisation du quartier Saint-Jacques.

La population de ce quartier est donc invitée à réserver un accueil favorable aux agents municipaux et à veiller tout particulièrement à ce que le raticide qui est dangereux, demeure hors de portée des enfants.

L'Indépendant, 13 décembre 1982.

⟨o o⟩

Manifestations
et embouteillages
hier dans la capitale

Des milliers d'agents d'E.D.F. -G.D.F. de toute la France ont participé hier à une « marche sur Paris ». Les manifestants, dix mille selon la police, ont beaucoup marché, du siège du Gaz de France jusqu'à l'Assemblée nationale, de là au ministère de l'Industrie, puis aux Invalides. A treize heures on s'est arrêté pour pique-niquer sur l'esplanade. Le défilé regroupait autant de provinciaux que de Parisiens : Landais sur des échasses, Bourguignons en costume régional, Corses avec drapeaux. Ce défilé a été l'un des plus importants vus à Paris depuis de nombreux mois. La fête et le spectaculaire y ont été à l'honneur. Petits, grands et vieux ont fait du « sit-in » sur le trottoir ou la chaussée autour de bouteilles de Bordeaux et d'un camembert. Aux Invalides, petit à petit, la manifestation revendicative s'est transformée en une véritable foire. Vers 15 heures, finie la « saucissonnade », les manifestants se regroupent et se dirigent vers l'Assemblée nationale. Mais ils sont arrêtés par un puissant barrage de C.R.S. qui occupe la chaussée. Mécontents, ils conseillent aux policiers d'aller nettoyer la marée noire. A 16 h 30 tout est fini et l'on remonte dans les cars. Apparemment satisfaits mais rompus par le cérémonial.

Le Figaro, 17 mai 1980.

Une fois de plus, comme si cela était inscrit dans une fatalité dramatique, des agriculteurs de la région — du Roussillon en l'occurence — ont eu recours à la violence pour exprimer leur désarroi. Les mêmes causes provoquent aujourd'hui encore les mêmes effets. Nul n'a pu mettre fin jusqu'à présent à ce cycle infernal. Agriculteurs et viticulteurs restent toujours livrés au hasard. Quand celui-ci casse les prix et que les importations affluent, ils n'ont, malheureusement, pour se faire entendre, que cet argument-massue qui consiste à créer l'événement. Ils l'ont fait vendredi soir. Une fois de plus.

L'indépendant, 12 décembre 1982.

LE FIGARO

PUBLICITÉ COMMERCIALE ET PETITES ANNONCES JUMELÉES AVEC

Enseignement libre : l'état de guerre scolaire décidé par Alain Savary

L'AURORE

ÉDUCATION

MARDI 21 DÉCEMBRE 1982 — 3,50 F

No 11 900 — FONDATEUR R. LAZURICK

LE MATIN

DE PARIS   3 F 50

N° 1810   MARDI 21 DÉCEMBRE 1982

ECOLE PRIVEE : LE PLAN DE PAIX

Enseignement public et privé : Savary propose le mariage de raison

Le ministre a franchi hier une étape vers la création d'un grand service public d'éducation, mais avec le souci de désamorcer les risques d'une guerre scolaire

Les « propositions » d'Alain Savary conduisent à la socialisation de l'enseignement privé

L'école libre étranglée

Les Auvergnats de Montlhéry ont une nouvelle pastourelle

Ardent défenseur des traditions du centre de la France, le Réveil Auvergnat sacrifie chaque année à une coutume aussi sympathique qu'originale, l'élection de la Pastourelle. C'est ainsi que, dimanche dernier à la salle des fêtes de Montlhéry, Magali DESTRUEL une lycéenne de 16 ans, est devenue la 4e Pastourelle du Réveil Auvergnat. Elle aura la charge de veiller pendant un an sur la sérénité du groupe.
(Le Républicain)

BOURG-DES-COMPTES
Le succès des sapeurs-pompiers au cross du Grand-Fougeray

Nous avons relevé que lors du cross des sapeurs-pompiers au Grand-Fougeray que l'équipe de Bourg-des-Comptes a fini première dans sa catégorie et a remporté une coupe.
(Ouest-France).

L'AFFAIRE DREYFUS

UN DINER EN FAMILLE

- Surtout ! ne parlons pas de l'affaire Dreyfus.

... Ils en ont parlé.

Affaire Dreyfus : Caricature par Caran d'Ache parue dans un journal de l'époque.

pratique de la langue

Rapporter un événement passé en indiquant l'état ou le résultat

Question : *Le téléphone a sonné, vous n'avez pas répondu. Pourquoi ?*
Vous pouvez répondre de deux manières :

La réponse indique un **état** une continuité dans le passé. *je ne pouvais pas* **Imparfait**

La réponse indique un fait accompli, un **résultat.** *je n'ai pas pu* **Passé composé**

Voici une liste de réponses possibles :

État :

Je n'ai pas répondu, parce que *je travaillais, je n'avais pas envie de répondre, j'étais occupé.*
je ne voulais pas répondre. Ça m'ennuyait.
je n'avais pas le temps, j'étais en train de faire un travail urgent.

Résultat :

Je n'ai pas répondu parce que *je n'ai pas eu le temps, on a raccroché tout de suite.*
Je n'ai pas pu répondre, parce que *je suis arrivée trop tard.*
Je n'ai pas voulu répondre, parce que *j'ai cru que c'était Monsieur X.*

EXERCICE 1

Répondez aux questions en montrant bien la valeur de résultat ou de fait accompli qui justifie la réponse :

▶ *EXEMPLE :*

- **Vous avez pu prendre le train de 10 heures ?**
- **Non, nous sommes partis trop tard, on n'a pas pu l'avoir**
ou :
  Oui, on l'a eu.

1. Vous n'avez jamais voulu la revoir ?
2. Vous avez su lui expliquer où nous avons rendez-vous lundi ?
3. Vous avez dû partir avant la fin de la soirée ?
4. Vous avez vraiment cru que c'était vrai ?
5. Vous avez vraiment pensé que j'avais oublié notre rendez-vous ?
6. Vous avez eu le temps de finir ce bouquin pendant le week-end ?
7. Vous avez pu discuter avec Barthes ? Quelle chance !
8. Vous avez dû avoir peur quand vous avez entendu l'explosion ?
9. Tu as été jaloux quand tu m'as vu parler à Anne ?

Vous pouvez continuer l'exercice en posant des questions avec les verbes : **être triste, être ennuyé, être gêné, vivre, habiter.**

EXERCICE 2

■ **A l'aide des mêmes verbes répondez aux questions suivantes en montrant bien la valeur de l'état.**

▶ *EXEMPLE :*

- **Quand je suis arrivée en France, je ne pouvais pas comprendre un seul mot.**
- **J'aurai accepté votre invitation avec plaisir, mais je ne pouvais pas, j'étais prise.**

1. Vous espériez prendre le train de 10 heures ?
2. Vous saviez qu'elle avait perdu son mari ?
3. Vous deviez me rappeler, j'ai attendu.
4. Vous pensiez que je disais la vérité ?
5. Quand même, entre 6 et 8, vous aviez le temps de me prévenir !
6. Vous aviez la chance de pouvoir faire ce voyage et vous l'avez refusé ?
7. Vous aimiez votre grand mère paternelle ?
8. Vous étiez gêné parce que vous aviez oublié vos lunettes ?
9. Quand vous étiez étudiant, où habitiez-vous ?

EXERCICE 3

■ **Répondez aux questions suivantes en utilisant la « vision » de votre choix : expression de l'*état,* expression du *résultat* ou du fait accompli. Vous pouvez utiliser n'importe quel verbe.**

▶ **EXEMPLE :**

Tu es descendu à la boulangerie et tu n'as pas acheté de croissants. Pourquoi ?

- Parce qu'il n'y en avait plus ;
- Parce que j'ai oublié ;
- Parce qu'ils étaient trop chers.

1. Vous avez passé un mois en Grèce, et vous n'avez pas visité le Parthénon. Pourquoi ?

2. Il a vécu dix ans en France, et il n'a pas appris le français. Comment cela se fait-il ?

3. Vous avez travaillé vingt ans dans cette entreprise et vous l'avez quittée. Pourquoi ?

4. Pourquoi est-ce que tu es sorti avant la fin de la réunion ?

5. Il a été licencié (il a perdu son emploi). Pour quelle raison ?

6. Je me demande pourquoi elle a changé d'appartement ?

7. Pourquoi vous n'êtes pas venu nous voir pendant votre séjour en France ?

8. Il a été un mari fidèle pendant sept ans. Pourquoi est-ce que sa femme l'a quitté ?

9. Tu sais pourquoi il a été condamné à trois ans de prison ?

10. Il a été ministre pendant dix ans, et il ne fait plus partie du Gouvernement. Qu'est-ce qui s'est passé ?

11. Pourquoi est-ce qu'il a refusé de vous conduire à l'aéroport ?

12. Pourquoi a-t-elle choisi un métier pareil ? C'est pénible pour une femme ?

Voici une série de verbes que vous pouvez utiliser pour justifier votre réponse.

Infinitif	Passé composé	Imparfait
avoir (le temps)	j'ai eu	j'avais
avoir (assez d'argent) (ne pas) avoir (d'argent)	il a eu vous avez eu	il avait vous aviez
être fatigué(e) être occupé(e)	j'ai été il a été	j'étais il était
pouvoir	j'ai pu il a pu vous avez pu	je pouvais il pouvait vous pouviez
vouloir	j'ai voulu il a voulu vous avez voulu	je voulais il voulait vous vouliez
finir comprendre prendre entendre	j'ai fini j'ai compris j'ai pris j'ai entendu	je finissais je comprenais je prenais j'entendais
voir devoir savoir pouvoir vivre falloir	j'ai vu j'ai dû j'ai su j'ai pu j'ai vécu il a fallu	je voyais je devais je savais je pouvais je vivais il fallait

Les verbes suivants : écout**er,** oubli**er,** trouv**er,** cherch**er,** rencontr**er,** forment leur participe passé en **é.**

Les verbes suivants se conjuguent avec l'auxiliaire *être :*
arriver, partir, entrer, sortir, aller, venir, monter, descendre :

descendre → je suis descendu → je descendais.

Donner une explication
d'un événement passé

■ **Qu'est-ce qui s'était passé *avant* ?**

- **Vous êtes sûr** de votre explication :
  - (c'est sûrement) parce ... + plus-que-parfait

- **Vous n'êtes pas sûr** de votre explication :
- C'est sans doute parce que ... + plus-que-parfait
- C'est peut-être parce que ... + plus-que-parfait
- Peut-être que ... + plus-que-parfait.

▶ **EXEMPLE :**

Pourquoi est-ce qu'elle n'a pas répondu quand le téléphone a sonné ?

- **(C'est) parce qu'elle n'avait pas entendu**
  (Vous êtes sûr)

- **(C'est) sans doute parce qu'elle n'avait pas entendu**
  (Vous n'êtes pas sûr)

- **Peut-être qu'elle n'avait pas entendu**
  (Vous n'êtes pas sûr).

EXERCICE 1

■ **Répondez aux questions suivantes :**

1. Hier, c'était l'anniversaire de sa femme et il est rentré à minuit. Comment cela se fait-il ?

2. La première fois qu'il a passé son bac, il a échoué. Pourquoi ?

3. Hier, pendant qu'elle essayait une robe dans un magasin, on lui a volé sa voiture, vous avez une explication ?

4. Hier soir, j'ai essayé de te téléphoner, j'ai mis un jeton dans l'appareil, j'ai entendu ta voix mais tu ne m'as pas entendu. Comme cela se fait-il ?

5. Je ne comprends pas pourquoi elle a refusé mon invitation à dîner hier soir ?

6. Je ne comprends pas pourquoi l'agent m'a donné une contravention, je roulais doucement.

7. Je n'ai pas compris pourquoi le contrôleur m'a fait payer une amende, mon billet était valable.

8. Quand les policiers sont arrivés, il était trop tard. Imaginez ce qui s'était passé.

Donner son opinion
sur un événement passé

(Voir situation 6 : « Gilles a-t-il un alibi ? »)

■ **Les événements qui ont eu lieu au cours du fait divers :**

- Gilles est sorti à 16 heures.
- Il est allé à pied au bar des Lilas.
- Il était au bar à 16 heures.
- Il a beaucoup bu.
- Il est sorti du bar à 18 heures.
- Il est allé au cinéma Le Rex.
- Le film projeté au Rex était *Drôle de drame*.
- Le début de la séance était à 21 heures.
- Gilles a marché 3 heures dans les rues.
- Il est allé à l'impasse du Levant.
- Gilles a tué Lili.

EXERCICE 1

Quels actions ou événements vous paraissent **certains ?**

Faites des phrases en utilisant toutes les expressions qui indiquent la certitude.

Quels actions ou événements vous paraissent **improbables** ou **douteux ?**

Faites des phrases en utilisant toutes les expressions qui indiquent l'improbabilité ou le doute.

Quels actions ou événements vous paraissent **possibles ?**
Faites des phrases en utilisant toutes les expressions qui indiquent la possibilité.

EXERCICE 2

Faisons l'hypothèse que Gilles a tué Lili.

Faites quelques phrases pour le démontrer en ordonnant vos arguments.

**LES POINTS DE VUE
ET LES ARGUMENTS :**

Pour exprimer la certitude :

- C'est impossible qu'il (subjonctif).
- (phrase), il n'y a pas de doute.
- Il n'y a pas de doute qu'il (indicatif).
- Il est évident (sûr, certain) qu'il (indicatif).

Pour exprimer le possible ou le probable :

- Il a pu (infinitif).
- Il a dû (infinitif).
- Il est probable que (indicatif).
- Il est possible que (subjonctif).
- Peut-être que (indicatif).
- Sans doute (indicatif).

Pour exprimer l'improbable ou le douteux :

- Il est difficile de croire que (indicatif ou subjonctif).
- (phrase négative), c'est peu probable.
- Il n'est pas évident (certain) que (subjonctif).
- Ça m'étonnerait que ... (subjonctif).
- Je ne crois pas que ... (subjonctif).

Pour justifier une opinion :

- (phrase), puisque ...
- (phrase), la (meilleure) preuve, c'est que ...
- Puisque (phrase) donc ...
- (phrase), on peut en conclure que ...
- Ce n'est pas parce que (phrase), que ...

Pour introduire les arguments :

- N'oubliez pas que ...
- On peut dire que ...
- On s'aperçoit que ...
- Il s'agit (en fait) de (nom).
- A mon avis ...

Pour ordonner les arguments :

- D'abord, premièrement.
- Ensuite, et puis.
- De plus.
- Enfin.
- Non seulement ... mais encore, et surtout.

Rapporter les circonstances de l'action

Il s'agit des circonstances temporelles (le moment de l'action) et spatiales (l'endroit où l'action a eu lieu).

POUR FAIRE UN JOURNAL SURPRISE

A l'aide des éléments de phrases pris dans chacune des rubriques suivantes, vous composerez des phrases plausibles ou drôles.

1. Situer l'action dans le temps :

RANG 1 (moment de l'action)

- Dimanche après-midi / lundi matin / mercredi soir/

- Hier soir, vers 23 heures / avant-hier, vers 10 heures / hier matin, à l'aube /

- La nuit dernière / la semaine dernière / le mois dernier / le week-end dernier / samedi dernier /

- Cette nuit à 3 heures du matin / ce matin à 7 h 30 / Cet après-midi vers 16 heures / au début de la semaine / aujourd'hui à midi /

- Dans la soirée, un peu avant minuit / dans la matinée / en fin d'après-midi / dans la nuit de lundi à mardi /

- Pendant la nuit / pendant la journée d'hier / pendant le week-end de Pâques / pendant les vacances de la Toussaint /

- Il y a quelques instants / il y a peu de temps / il y a une semaine / il y a quinze jours / il y a environ une heure / il y a plus d'un mois.

Toutes blessent.
Une seule tue.
Pensez à la dernière.

Une concierge.

Réception de Pierre Dux
à l'Académie des Beaux-Arts.

2. Indiquer les auteurs de l'action ou les objets de l'action :

RANG 2 ou 4

Le cheval de course, Belle de Mai / Le Prix Goncourt / Le maire de Paris / François Mitterrand / Coluche / L'ancien ministre de la Condition Féminine, Françoise Giroud / Un trafiquant de drogue / Un cambrioleur / Un agent de Police / Le leader écologiste Brice Lalonde / Un petit truand / Le maire de Marseille / Le champion de tennis Björn Borg / Un inconnu / Le ministre des transports / La célèbre avocate des causes féminines, Gisèle Halimi / L'équipe de football de Saint-Étienne / Le metteur en scène japonais Kurosawa / Un autonomiste corse / Le Président de la République / Le Premier ministre / Un déséquilibré / L'actrice Catherine Deneuve / Le tribunal de Rennes / Un motocycliste / L'écrivain Simone de Beauvoir / Un candidat à l'élection présidentielle / La Gendarmerie Nationale / Le directeur de la Police judiciaire / Le Garde des Sceaux / L'équipe de football de Nantes / Un groupuscule d'extrême-droite / Les juges de la Cour d'Assises / Le leader du Rassemblement pour la République (R.P.R.) / Le Parti Communiste / Une délégation de la C.F.D.T. / L'ambassadeur de France à Pékin / L'acteur Jean-Paul Belmondo / Alain Delon / Le curé de Saint-Nicolas du Chardonnet, prêtre intégriste / Un gardien de la Paix / La militante d'extrême-gauche, Arlette Laguiller / Georges Marchais, Premier secrétaire du Parti Communiste Français / L'écrivain Soljenitsyne / Le ministre de la Culture / Jean-Jacques Servan-Schreiber (J.-J. S.-S.), l'auteur du *Défi Mondial* / Une ouvrière de chez Renault / Une hôtesse de l'air / La Princesse Anne / Un condamné à mort / Un détenu / Une prostituée / Un conducteur d'autobus / Un pilote d'essai / Une gardienne d'immeuble / Une « contractuelle » / Un pompiste / Un chef de gare / Le Grand Rabbin de France / Un chauffard / Un cadavre / Un individu recherché par la police / L'académicien Ionesco / Ronald Reagan / La veuve de Mao.

Yannick Noah à Roland-Garros.

Manifestation anti-nucléaire à Nantes.

3. Indiquer l'action :

RANG 3

a été assassiné par / a été battu par / a été découvert par / a été arrêté par / a protesté contre la déclaration de / a battu / a été pris en otage par / a comparu devant / a été élu / a violemment attaqué / a convoqué / a approuvé la déclaration de / a causé la mort de / a été abandonné par / a condamné / a déposé une bombe / a obtenu la libération de / a séduit / a été attribué à / a décoré de la Légion d'Honneur / a reçu / a été nommé / a rencontré avec grand plaisir / a commis un attentat contre / a été renversé par / a découvert / a été tué par / a invité / a été surpris en train de prendre des photos de / a rencontré par hasard / a félicité / a caché / a trahi / a détourné / a été élu à l'Académie française / a reçu le prix Goncourt.

« Mundial » 1982, match Italie-Pologne.

Une chambre en ville,
un film de J. Demy.

Vieux quartier dans une ville du Midi.

Le Vieux-Port à Marseille.

Port breton : Sauzon à Belle-Ile.

4. Situer l'action dans l'espace

RANG 5 (le lieu de l'action)

A l'hippodrome de Longchamp / au XXIIIe congrès du P.C.F. / à l'Hôtel de Ville de Paris / Au restaurant Drouant[1] / A la Foire à la ferraille et au jambon de la Porte de la Villette / Chez Maxim's / à la Grande Mosquée de Paris / sur les grands Boulevards / dans une consigne automatique de la Gare de Lyon / sur le périphérique sud / à la Tour d'Argent[2] / au Bois de Boulogne / à l'Olympia / dans le Vieux-Port de Marseille / à Roland Garros / sur l'autoroute du Soleil / au casino de Deauville / au micro de France-Inter / au Parc des Princes[3] / dans un bistro des Halles / à Marseille / au Congrès d'Épinay / à Antenne 2 / à l'Élysée / au cours des débats de l'Assemblée Nationale / dans son appartement de l'Ile Saint-Louis / au café de Flore[4] / à la prison de la Santé / à la Bourse de Paris / au festival de Cannes / dans un wagon-lit / au Club Méditerranée / dans une île bretonne / à l'aéroport de Roissy / sur une plage du Midi / sur une piste de ski à Chamonix / à la Maison de la Culture de Châlon-sur-Saône / dans une église de Bourgogne / dans un hôpital / au Centre Georges-Pompidou / dans un grand hôtel de Nice / dans un château de la Loire.

1. *Restaurant Drouant :* lieu où est décerné le prix Goncourt.
2. *Tour d'Argent :* restaurant gastronomique de prestige.
3. *Parc des Princes :* stade de football à Paris.
4. *Café de Flore :* café célèbre à Saint-Germain-des-Prés.

Quelques modèles syntaxiques

Situer le temps de l'action	Quelques exemples d'action		L'objet et les circonstances de l'action : agent, finalité, lieu
Ce matin à 9 heures			
	un accident	a eu lieu	a, au, rue X
	un hold-up	s'est produit	dans le centre de, dans la banlieue de ...
Cette nuit, vers 23 heures			
			sur l'autoroute A6, Porte de ...
			sur les boulevards périphériques
Hier soir			
La nuit dernière			
La semaine dernière			
	le ministre	a annoncé	
	le délégué syndical		
Dans la soirée			
	l'ambassadeur	a protesté **contre**	
		a signé un accord **avec**	
Pendant la nuit			
Yl y a quelques instants	La police	a trouvé	
		a découvert un important trafic de drogue	
Pendant le week-end de Pâques	La police	a arrêté l'auteur du hold-up	
	M. X	a reçu un prix	**a** l'occasion de
	M. X	a reçu le délégué	**pour** ...
Cet hiver			
	M. X	a reçu l'Ambassadeur	
	M. X	a gagné l e match	**par** 2 buts à 1
		le championnat	
	L'équipe de ...	a remporté la course	**devant** X
	Strasbourg	a battu Nancy	**de** 3/10e de seconde
Pendant les débats			
	Le cheval X		**d'**une longueur
	X	a été battu	par
			de 1/10e de seconde
	X	a été arrêté	par
			au cours d'une rafle
	X	a été condamné	par le Tribunal de ...
			pour viol, coups et blessures
	X	a été tué	par un malfaiteur
			dans un accident de voiture
	X	a été découvert	asphyxié **dans** son appartement
			assassiné **dans** un hôtel de ...
			abandonné
	Un individu	a été surpris en train de ...	
	Un meutre		
	Un crime	a été commis	
	Un assassinat		
	Une explosion	a été entraîné	d'importants dégâts
	La grève	a provoqué	de nombreux embouteillages
		a causé	

Quand j'étais petit,
je faisais semblant
de croire au Père Noël,
et quand j'écrivais
ma lettre au Père Noël,
je me disais :
« Ce sont
les grandes personnes
qui croient au Père Noël. »
Elles étaient
bien attrapées.

Quand mon père m'emmenait voir les films
d'horreur qu'il avait envie de voir, il me donnait
dix francs pour que je ne le dise pas à ma mère.

La première fois que j'ai été invité à un goûter
d'anniversaire, j'étais déguisé en Schtroumpf.
Personne ne m'a reconnu et j'en ai profité
pour « m'empifrer ». Personne ne m'a rien
dit. Les grandes personnes sont vraiment
bêtes.

A mon premier rendez-vous,
j'étais venu avec un bouquet de fleurs.
La jeune fille m'a dit :
« Pour qui tu me prends ? ».
J'ai dû avoir l'air tellement ahuri
qu'elle m'a « planté » là.
J'aurais peut-être dû lui apporter des bonbons.

Plus tard, avec une autre jeune
fille, je lui ai dit : « J'aimerais bien
avoir votre photo ». Alors, elle
m'a dit qu'elle ne me demandait
pas la mienne. Je n'ai pas vu le
rapport.

Quand j'ai eu mon premier boulot, mon patron
m'a demandé si je vivais chez mes parents. J'ai
dit que oui. Alors, il m'a mis au S.M.I.C.
Quand j'ai raconté ça à mon père, il m'a vidé
la maison. Les parents sont bizarres.

qu'on ♡ m'aime

Quand je me suis marié,
le maire m'a demandé
si je voulais prendre
pour légitime épouse
la femme que j'aimais.
J'ai répondu : épouse oui,
légitime non.
Je ne savais pas ce que ça voulait dire.
Ça a fait toute une histoire.

Maintenant que je suis marié, quand j'ai le cafard, je joue au Monopoly avec mes enfants pendant des heures. C'est chouette et je trouve ça autrement plus divertissant que les jérémiades de ma femme.

Chaque fois que j'ai eu un enfant, j'espérais que ce serait un garçon qui porterait mon nom. J'ai eu six filles, histoire d'avoir un garçon. Ma femme ne me l'a jamais pardonné.

Pendant les vacances de Noël
j'ai envoyé mes filles faire du ski.
C'est pas gratuit, le ski,
croyez-vous qu'elles m'auraient remercié ?
Elles m'ont dit :
« Heureusement que tu ne viens pas,
on va bien se marrer ».

Pour son anniversaire, ma dernière fille m'a demandé comme cadeau d'arrêter les leçons de violon. Et quand je lui ai demandé ce qu'elle voulait à la place, elle m'a répondu : « un autre père ». Je n'ai pas compris. C'est cher le violon.

QUAND JE ME DEMANDE SI ON M'AIME, J'AI BEAU CHERCHER, JE NE TROUVE PAS GRAND MONDE. Y A BIEN MON CHIEN, ET PUIS LE CLOCHARD A QUI JE DONNE 5 FRANCS TOUS LES DIMANCHES. C'EST DOMMAGE. POURTANT, J'SUIS GENTIL AVEC TOUT LE MONDE. QU'EST-CE QUE JE LEUR AI FAIT ?

Puzzle

Pouvez-vous rétablir l'ordre de chaque phrase :

Un fermier en se réveillant	a déclaré à la radio	que les prix des envois postaux allaient être relevés.
Le ministre des P.T.T.	ont manifesté dans les rues	par des cambrioleurs qui ont emporté des bijoux d'une valeur de deux millions.
Les étudiants en sciences	a constaté	qu'on lui avait volé cinq vaches.
Un bijoutier de la rue Paradis à Marseille	a été bousculé par trois hommes	pour réclamer l'aménagement de la Cité Universitaire.
Une vieille dame qui rentrait chez elle à la tombée de la nuit.	a été assommée	qui lui ont volé son sac à main.
Au cours d'un meeting, le chef de l'opposition	a violemment attaqué	à l'hôtel Ritz.
Un hold-up	a eu lieu	la politique du gouvernement.

un peu
de grammaire

Apprenez à accorder le participe passé avec l'auxiliaire « avoir »

Observez ce dialogue

- Regarde la dinde que j'ai achet**ée**
- Tu n'en as achet**é** qu'une ?

- Tu as vu la liste des gens que j'ai invit**és** ?
- Non, je ne l'ai pas vu**e**.

- Tu as achet**é** des cadeaux ?
- Non je n'en ai pas achet**é**, mais je vais te montrer l'écharpe que j'ai tiss**ée** pour Denis.

- Tu as pens**é** à la bûche[1] ?
- Je l'ai fait**e** hier soir.

- Les enfants ont mi**s** leurs chaussures devant la cheminée ?
- Bien sûr qu'ils les ont mi**ses**.

- Ce sera un Noël super !

- Tu as remarqu**é** les accords de participe que j'ai fait**s** ?
- Bien sûr que je les ai remarqu**és**.

Apprenez : « Question de fringues[2] »

- Regarde le pantalon que j'ai achet**é**
- Tu as vu la jupe que j'ai achet**ée**
- Je n'aime pas les pulls que tu as chois**is**
- J'aimais bien les fringues que tu as revend**ues**

1. *Bûche* : gâteau en forme de branche d'arbre que l'on sert traditionnellement pour le repas de Noël.
2. *Fringues* : terme argotique désignant les vêtements.

Attention : pas d'accord avec **en**

- Tu ne m'as pas rendu les bouquins que je t'ai prêtés ?
- Si je t'en ai rend**u** trois.

Ne confondez pas **qui** et **que**

- ■ C'est un chemisier **qui** ne se repasse pas.
- □ C'est un chemisier **que** je mets souvent.
- ■ C'est un tissu **qui** ne se froisse pas.
- □ C'est un tissu **que** j'adore.
- ■ C'est une robe **qui** est un peu démodée.
- □ C'est une robe **que** tu as déjà vue.
- ■ C'est un tailleur **qui** a été nettoyé.
- □ C'est un tailleur **que** j'ai acheté à Paris.
- ■ C'est un jean's **qui** m'a coûté très cher.
- □ C'est un jean's **que** mon frère m'a donné.
- ■ Ce sont des pantalons **qui** m'ont coûté très cher.
- □ Ce sont des pantalons **que** mon frère m'a donné**s**.
- ■ C'est une robe **qui** a un peu vieilli.
- □ C'est une robe **que** j'ai faite moi-même.

Apprenez le subjonctif

- C'est impossible **qu'il soit** en retard.
- Il est possible **que je parte** plus tôt que prévu.
- Ça m'étonnerait **qu'elle vienne**.
- Je ne crois pas **que ce soit vrai**.
- Il faut **que j'aille** chez le dentiste.
- Il est possible **que j'aie** besoin de vous samedi.

un peu
de stylistique

Il a tout vu
Il a tout lu
Et puis un jour
Il a tout bu
Vous l'avez su ?

Il a mis le café
Dans la tasse
Il a mis le lait
Dans la tasse de café
Il a mis le sucre
Dans le café au lait
Avec la petite cuiller
Il a tourné
Il a bu le café au lait
Et il a reposé la tasse
Sans me parler
Il a allumé
Une cigarette
Il a fait des ronds
Avec la fumée

Il a mis les cendres
Dans le cendrier
Sans me parler
Sans me regarder
Il s'est levé
Il a mis
Son manteau de pluie
Parce qu'il pleuvait
Et il est parti
Sous la pluie
Sans une parole
Sans me regarder
Et moi j'ai pris
Ma tête dans ma main
Et j'ai pleuré

Jacques PRÉVERT : *Déjeuner du matin*
© Gallimard, 1972.

Apprenez et mimez.

pour aller plus loin

Marcello Mastroianni
dans l'*Étranger*,
un film de L. Visconti.

Un récit à analyser

Mon avocat est arrivé, en robe, entouré de beaucoup d'autres confrères. Il est allé vers les journalistes, a serré des mains. Ils ont plaisanté, ri et ils avaient l'air tout à fait à leur aise, jusqu'au moment où la sonnerie a retenti dans le prétoire. Tout le monde a regagné sa place. Mon avocat est venu vers moi, m'a serré la main et m'a conseillé de répondre brièvement aux questions qu'on me poserait, de ne pas prendre d'initiatives et de me reposer sur lui pour le reste...

Nous avons attendu très longtemps, près de trois quarts d'heure, je crois. Au bout de ce temps, une sonnerie a retenti. Mon avocat m'a quitté en disant : « Le président du jury va lire les réponses. On ne vous fera entrer que pour l'énoncé du jugement. » Des portes ont claqué. Des gens couraient dans les escaliers dont je ne savais pas s'ils étaient proches ou éloignés. Puis j'ai entendu une voix sourde lire quelque chose dans la salle. Quand la sonnerie a encore retenti, que la porte du box s'est ouverte, c'est le silence de la salle qui est monté vers moi, le silence, et cette singulière sensation que j'ai eue lorsque j'ai constaté que le jeune journaliste avait détourné ses yeux. Je n'ai pas regardé du côté de Marie. Je n'en ai pas eu le temps parce que le président m'a dit dans une forme bizarre que j'aurais la tête tranchée sur une place publique au nom du peuple français. Il m'a semblé alors reconnaître le sentiment que je lisais sur tous les visages. Je crois bien que c'était de la considération. Les gendarmes étaient très doux avec moi. L'avocat a posé sa main sur mon poignet. Je ne pensais plus à rien. Mais le président m'a demandé si je n'avais rien à ajouter. J'ai réfléchi. J'ai dit : « Non. » C'est alors qu'on m'a emmené.

Albert CAMUS : *L'Étranger* (extrait), Gallimard.

EXERCICES DE RÉÉCRITURE

DU RÉCIT AU DIALOGUE :
Lisez le récit suivant et reformulez le texte en discours dialogué.
Proposez un dialogue.

Ces paroles sont échangées par un homme et une femme qui roulent en voiture dans la nuit. L'homme s'adresse à la femme.

TU avais demandé, je crois, si je restais encore ici longtemps, à Paris, et moi (cette première fois) j'ai répondu tout de go que je repartais presque tout de suite pour la ville d'où je viens, mais tu n'avais pas encore bien compris d'où je venais. Tu savais juste que j'étais ici pour peu de temps.

J'ai dit que j'habitais dans «l'île» tout en haut, la ville qui est une île mais qui n'est pas du tout entourée d'eau.

Tu essayais de deviner, tu disais qu'il était singulier, à l'époque où nous sommes, d'habiter une charade, et que tu n'aimerais pas te fatiguer à chercher. Que tu donnais ta langue au chat.

Je te disais de chercher encore un petit peu. Que tu serais récompensé.

Tu répondais que tu savais mal la géographie.

Je te disais que ce n'était pas de la géographie, mais de l'histoire. Puisque la ville n'était pas entourée d'eau.

Tu souriais, sauf au moment où tu as trouvé, ajoutant : alors vous habitez là-haut, pourquoi ça?

C'est comment de vivre là-bas?

J.-P. FAYE : *L'Écluse* (extrait), Éd. du Seuil, 1964

DU DIALOGUE AU RÉCIT :
Lisez le texte suivant et transformez en récit les parties
dialoguées en utilisant le *tu* et le *plus-que-parfait* (Tu
avais demandé à voix basse si...)

Ce qu'ils disaient se poursuit à voix très basse. Lui demandait :

— Cette fois, on pourrait essayer?

Elle répond à peine :

Fais exactement comme tu veux.

Elle disait aussi : Je ne peux plus bouger. Je suis toute paralysée.

— Tu es très fatiguée?

— Je ne sais pas. Je me sens tout à fait abrutie.

Il redressait la tête vers le rétroviseur.

— Il faudrait sortir de l'autoroute... Les lumières grossissaient dans le rétroviseur, envahissaient tout l'arrière en se rapprochant.

Il disait sans interroger : on va bien trouver un hôtel dans cette ville-là.

Derrière, les phares découpaient maintenant l'intérieur en deux zones, ombres et lumière, et la zone lumière se rétrécissait sur la gauche, et glissait sur la route, au moment où l'auto allait dépasser.

Ils recommencent par moments à parler, de façon toujours entrecoupée.

— Cela fait du bien, de quitter l'autoroute.

Il a dit cela bien longtemps après la déviation qui les a fait glisser sur la droite, puis les a hissés jusqu'au pont sur la gauche, et les a laissé s'écouler au ralenti de l'autre côté, au-dessous même du précédent niveau.

Elle dit sans vraiment demander :

— Tu es sûr, tu ne veux pas que je conduise.

Il a remué la tête sans parler. Il regarde dans la vitre sur sa gauche, il a l'air de chercher.

Elle commente cette décision qu'il n'a même pas exprimée : C'est vrai que je n'ai pas conduit depuis longtemps. Depuis que j'ai été malade, pratiquement.

Lui demande :

— Mais tu vas vraiment mieux?

Elle assure :

— Oh oui, beaucoup mieux, je crois.

J.-P. FAYE : *L'Écluse* (extrait), Éd. du Seuil, 1964.

A propos de *L'Écluse*, de Jean-Pierre Faye.

Une ville qui n'est pas nommée — mais dont le nom est sur toutes les lèvres — une ville *coupée en deux* : de là est partie Vanna, qui maintenant sommeille à l'arrière d'une voiture conduite par Alé, l'ami retrouvé à qui elle parle silencieusement en s'endormant.

Retournée dans la ville, Vanna va et vient entre les deux moitiés :

— le côté où elle rencontre Ewald et d'où il ne peut sortir pour la suivre, d'où elle ne pourrait plus revenir si elle se fixait auprès de lui vraiment,

— et le côté où elle fait connaissance avec Carl Otto, où un circuit autour d'elle s'établit, par quoi ses rencontres en tous sens semblent communiquer (et les deux villes partagées, Berlin, Jérusalem, elles-mêmes se relier).

Est-ce parce que ce réseau existe autrement qu'en paroles ? Est-ce par Vanna que maintenant Alé, revenu dans la ville, est soudain mis en danger ?

Le carré du récit s'est refermé.

Une moitié comme surexposée et toute en reflets ; l'autre enfoncée en soi et engloutie : la ville traversée par une frontière admet une « écluse » en son milieu.

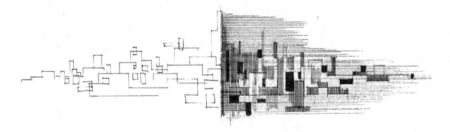

Sachez qu'il y a maintenant en cette ville-là deux moitiés bien distinctes, l'une d'ombre et l'autre de lumière, et que les avis se partagent sur la question de savoir en laquelle il fait bon vivre. Et c'est la moitié de lumière qui est séparée de tout autre domaine et maintenue là, en suspens sur un vide très sombre : c'est une sorte de regard, qui n'a d'ailleurs rien à voir. Ou un fronton tout lumineux, qui n'est porté par rien et tient en l'air. Ou le front d'un visage qui n'est plus là, ou encore, ce qui est au-dedans du front, ou à l'envers des sourcils, et qui serait coupé de tout le reste, et ne communiquerait plus par le dedans, mais par la surface ou par en haut seulement.

J.-P. Faye : *L'Écluse* (extrait). Éd. du Seuil, 1964.

CHOISISSEZ VOTRE STYLE

A partir d'un même épisode, Raymond Queneau a écrit 99 textes, de styles différents, racontant cet épisode. En voici quelques-uns[1].

Analyse logique

Autobus.
Plate-forme.
Plate-forme.
Plate-forme d'autobus. C'est le lieu.
Midi.
Environ.
Environ midi. C'est le temps.
Voyageurs.
Querelle.
Une querelle de voyageurs. C'est l'action.
Homme jeune.
Chapeau. Long cou maigre.
Un jeune homme avec un chapeau et un galon
   tressé autour. C'est le personnage principal.
Quidam.
Un quidam.
Un quidam. C'est le personnage second.
Moi.
Moi.
Moi. C'est le tiers personnage. Narrateur.
Mots.
Mots.
Mots. C'est ce qui fut dit.
Place libre.
Place occupée.
Une place libre ensuite occupée. C'est le
   résultat.
La gare Saint-Lazare.
Une heure plus tard.
Un ami.
Un bouton.
Autre phrase entendue. C'est la conclusion.
Conclusion logique.

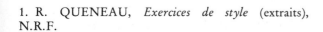 *Récit*

Un jour vers midi du côté du parc Monceau, sur la plate-forme arrière d'un autobus à peu près complet de la ligne S (aujourd'hui 84), j'aperçus un personnage au cou fort long, qui portait un feutre mou entouré d'un galon tressé au lieu de ruban. Cet individu interpella tout à coup son voisin en prétendant que celui-ci faisait exprès de lui marcher sur les pieds chaque fois qu'il montait ou descendait des voyageurs. Il abandonna d'ailleurs rapidement la discussion pour se jeter sur une place devenue libre.

Deux heures plus tard, je le revis devant la gare Saint-Lazare en grande conversation avec un ami qui lui conseillait de diminuer l'échancrure de son pardessus en en faisant remonter le bouton supérieur par quelque tailleur compétent.

1. R. QUENEAU, *Exercices de style* (extraits), N.R.F.

59

Passé indéfini

Je suis monté dans l'autobus de la porte Champerret. Il y avait beaucoup de monde, des jeunes, des vieux, des femmes, des militaires. J'ai payé ma place et puis j'ai regardé autour de moi. Ce n'était pas très intéressant. J'ai quand même fini par remarquer un jeune homme dont j'ai trouvé le cou trop long. J'ai examiné son chapeau et je me suis aperçu qu'au lieu d'un ruban il y avait un galon tressé. Chaque fois qu'un nouveau voyageur est monté il y a eu de la bousculade. Je n'ai rien dit, mais le jeune homme au long cou a tout de même interpellé son voisin. Je n'ai pas entendu ce qu'il lui a dit, mais ils se sont regardés d'un sale œil. Alors, le jeune homme au long cou est allé s'asseoir précipitamment.

En revenant de la porte Champerret, je suis passé devant la gare Saint-Lazare. J'ai vu mon type qui discutait avec un copain. Celui-ci a désigné du doigt un bouton juste au-dessus de l'échancrure du pardessus. Puis l'autobus m'a emmené et je ne les ai plus vus. J'étais assis et je n'ai pensé à rien.

Télégraphique

BUS BONDÉ JNHOMME LONG COU CHAPEAU CERCLE TRESSÉ APOS-TROPHE VOYAGEUR INCONNU SANS PRÉTEXTE VALABLE STOP QUESTION DOIGTS PIEDS FROISSÉS CONTACT TALON PRÉTENDU VOLONTAIRE STOP JNHOMME ABANDONNE DIS-CUSSION POUR PLACE LIBRE STOP QUATORZE HEURES PLACE ROME JNHOMME ÉCOUTE CONSEILS VESTI-MENTAIRES CAMARADE STOP DÉ-PLACER BOUTON STOP SIGNÉ AR-CTURUS.

Désinvolte

I

Je monte dans le bus.
— C'est bien pour la porte Champerret ?
— Vous savez donc pas lire ?
— Excuses.
Il moud mes tickets sur son ventre.
— Voilà.
— Merci.
Je regarde autour de moi.
— Dites donc, vous.
Il a une sorte de galon autour de son chapeau.
— Vous pourriez pas faire attention ?
Il a un très long cou.
— Non mais dites donc.
Le voilà qui se précipite sur une place libre.
— Eh bien.
Je me dis ça.

II

Je monte dans le bus.
— C'est bien pour la place de la Contres-carpe ?
— Vous savez donc pas lire ?
— Excuses.
Son orgue de Barbarie fonctionne et il me rend mes tickets avec un petit air dessus.
— Voilà.
— Merci.
On passe devant la gare Saint-Lazare.
— Tiens, le type de tout à l'heure.
Je penche mon oreille.
— Tu devrais faire mettre un autre bouton à ton pardessus.
Il lui montre où.
— Il est trop échancré, ton pardessus.
Ça c'est vrai.
— Eh bien.
Je me dis ça.

⊙⊙ *Exclamations*

Tiens ! Midi ! temps de prendre l'autobus ! que de monde ! que de monde ! ce qu'on est serré ! marrant ! ce gars-là ! quelle trombine ! et quel cou ! soixante-quinze centimètres ! au moins ! et le galon ! le galon ! je n'avais pas vu ! le galon ! c'est le plus marrant ! ça ! le galon ! autour de son chapeau ! Un galon ! marrant ! absolument marrant ! ça y est le voilà qui râle ! le type au galon ! contre un voisin ! qu'est-ce qu'il lui raconte ! L'autre ! lui aurait marché sur les pieds ! Ils vont se fiche des gifles ! pour sûr ! mais non ! mais si ! va h y ! va h y ! mords y l'œil ! fonce ! cogne ! mince alors ! mais non ! il se dégonfle ! le type ! au long cou ! au galon ! c'est sur une place vide qu'il fonce ! oui ! le gars !

Eh bien ! vrai ! non ! je ne me trompe pas ! c'est bien lui / là-bas ! dans la Cour de Rome ! devant la gare Saint-Lazare ! qui se balade de long en large ! avec un autre type ! et qu'est-ce que l'autre lui raconte ! qu'il devrait ajouter un bouton ! oui ! un bouton à son pardessus ! A son pardessus !

Antonymique

Minuit. Il pleut. Les autobus passent presque vides. Sur le capot d'un AI du côté de la Bastille, un vieillard qui a la tête rentrée dans les épaules et ne porte pas de chapeau remercie une dame placée très loin de lui parce qu'elle lui caresse les mains. Puis il va se mettre debout sur les genoux d'un monsieur qui occupe toujours sa place.

Deux heures plus tôt, derrière la gare de Lyon, ce vieillard se bouchait les oreilles pour ne pas entendre un clochard qui se refusait à dire qu'il lui fallait descendre d'un cran le bouton inférieur de son caleçon.

Imparfait

C'était midi. Les voyageurs montaient dans l'autobus. On était serrés. Un jeune monsieur portait sur sa tête un chapeau qui était entouré d'une tresse et non d'un ruban. Il avait un long cou. Il se plaignait auprès de son voisin des heurts que ce dernier lui infligeait. Dès qu'il apercevait une place libre, il se précipitait vers elle et s'y asseyait.

Je l'apercevais plus tard, devant la gare Saint-Lazare. Il se vêtait d'un pardessus et un camarade qui se trouvait là lui faisait cette remarque : il fallait mettre un bouton supplémentaire.

Vers libres

L'autobus
plein
le cœur
vide
le cou
long
le ruban
tressé
les pieds
plats
plats et aplatis
la place
vide

et l'inattendue rencontre près de la gare aux mille feux éteints
de ce cœur, de ce cou, de ce ruban, de ces pieds,
de cette place vide, et de ce bouton.

Quels sont les différents moyens d'expression choisis par l'auteur pour définir :
- l'autobus ;
- le jeune homme au long cou avec un chapeau ;
- la rencontre à la gare Saint-Lazare et le bouton.

« Histoires extraordinaires »

Lisez ces faits divers et commentez celui qui vous a le plus frappé.

1er février

Djarkarta : dauphins

Ce sont trois jeunes enfants, l'aîné a onze ans. Ils font route vers les îles Célèbes à bord du « Tampomas ». Le navire prend feu et commencé à sombrer. Le père jette ses enfants à l'eau et disparaît. Des dauphins sont là qui les entraînent vers un canot de sauvetage. On les retrouve sur une île quelque part sur la mer de Java.

11 février

Pékin : divine fourmi

Les dents de Yan, tombées quand il avait soixante-douze ans, ont repoussé : à quatre-vingt sept ans, il croque des noisettes, a l'œil vif et une oreille fine. C'est la fourmi, dit-il, qui a changé sa vie. Il la lave dans une eau pure, la fait sécher et griller avant de la réduire en poudre et d'en faire des comprimés pour l'hiver. Un par jour dès le début de la morte-saison. Les médecins chinois ont dit que le corps de la fourmi contenait des éléments nutritifs et hormones en quantité.

4 mai

Athènes : bénis des dieux

Deux vieillards connaissent, dans un petit village de l'Epire, « le plus heureux moment » de leur vie. Elias, quatre-vingt-un ans, veuf depuis peu, épouse son Anastassia, soixante-dix ans. En quarante ans, la première femme d'Elias n'avait jamais voulu entendre parler de divorce. Elias et Anastassia ont trois enfants et six petits-enfants.

7 juillet

Metz : Saint-Valentin

Ils partent en voyage de noces. Marie-Christine et Joël ont gagné, un an plus tôt cinq millions au loto. Vingt ans à peine, chômeurs, un matelas par terre dans un deux-pièces à courants d'air. En un an, ils ont connu les Tropiques, deux voitures sport et une maison à deux tourelles. *« L'argent ne nous a pas tourné la tête mais a changé notre vie »* disent-ils.

10 août

Perth : trente grammes

Un petit oiseau arrive en Australie. Une de ses pattes a été baguée en juin 1979 par des scientifiques de Sibérie orientale. Le petit bécasseau au cou rouge est arrivé par le Japon et l'Asie du Sud-Est : douze mille cinq cents kilomètres. Il pèse moins de trente grammes.

28 novembre

Bordeaux : à boire

Il creuse une fosse dans le garage de sa vieille maison et tombe sur une bouteille. Et puis deux et puis quarante, soigneusement emballées dans la paille. Une seule a un reste d'étiquette « Pichon Longueville 1893 ». Les experts en vins de Bordeaux devront déterminer une nouvelle cotation pour ce cru exceptionnel que l'on croyait disparu. L'heureux fossoyeur a dit qu'il n'avait nullement l'intention de vendre ses bouteilles.

13 décembre

Londres : Cendrillon

Fin de week-end près de Bristol. Il neige. Elisabeth quitte sa fille Anne. Il neige et les deux Range Rover de la famille sont bloquées dans la tempête. Roberto, quarante-deux ans, entend frapper à la porte de son auberge : un valet lui demande l'hospitalité pour sa reine. Roberto qui à déjà une centaine de clients « forcés », offre son appartement : sa reine y est restée sept heures, elle s'est excusée de troubler la quiétude dominicale, s'est inquiétée du sommeil des enfants et a goûté le souper familial de ses sujets. Elle est repartie peu avant minuit.

Nouvel Observateur, n° 895, 2 au 9 janvier 1982, « Les petits miracles de l'année » (extraits).

textes

CANEVAS DE JEUX DE RÔLES

Dans la rue, une personne reconnaît l'autre. Elles ne se sont pas vues depuis dix ans.

Personne 1 : Interpelle et salue l'autre.

Personne 2 : Ne comprend pas. Demande ce que veut l'autre personne.

Personne 1 : Demande si on la reconnaît et dit qui elle est.

Personne 2 : Cherche qui est la personne, demande une précision.

Personne 1 : Rappelle où et quand ils se sont connus.

Personne 2 : Commence à reconnaître et rappelle un état ancien (une habitude ancienne).

Personne 1 : Confirme et rappelle en une autre circonstance (apparence physique, vacances, sorties ensemble, descriptions des camarades anciens).

N.B. On doit obtenir environ 10 à 12 répliques.

CANEVAS 2

Au moment de sortir de chez elle, une dame ne trouve plus les clés de sa voiture.

- Elle les demande à son mari.
- Il répond qu'il ne les a pas vues.
- La dame lui dit qu'elle les lui a prêtées deux jours avant.
- Il répond qu'elle doit se tromper. Il n'en a aucun souvenir.
- La dame insiste et lui dit d'essayer de se rappeler.
- Le mari répète qu'il ne s'en est pas servi.
- La femme insiste pour lui dire qu'elle les lui a prêtées deux jours avant et que depuis, elle ne les a pas revues.
- Le mari se souvient tout à coup et lui dit qu'il les lui a rendues.
- La femme répond qu'il ne les lui a pas rendues.
- Le mari s'énerve.
- La dame aussi...

CANEVAS 3

Un jeune homme téléphone à une jeune fille qui n'est pas venue au rendez-vous.

- Le jeune homme demande des explications :
- Réponse embarrassée de la jeune fille. Elle s'excuse en donnant une raison.
- Le jeune homme doute.
- La jeune fille lui reproche de ne pas avoir confiance.
- Le jeune homme demande des détails.
- La jeune fille commence un récit et se contredit par rapport à ce qu'elle avait dit avant.
- Le jeune homme se vexe et se tait.
- La jeune fille réagit à sa manière devant le silence du jeune homme.
- Le jeune homme écoute en se demandant s'il doit la croire.
- La jeune fille termine la conversation à sa manière (selon qu'elle est amoureuse ou non du jeune homme)...

Voici trois phrases. Une seule correspond à la situation.
Dites si c'est la première, la deuxième ou la troisième.

SITUATION 1
Je suis en train de peindre

1. Le téléphone est en train de sonner, personne ne peut répondre.

   Personne n'a envie de répondre.

   Tout le monde se précipite pour répondre.

2. La femme est en train de faire la cuisine.

   Le mari est en train de mélanger la peinture.

   Le mari a mélangé la peinture.

3. La personne qui téléphone raccroche et rappelle.

   Le téléphone ne sonne que trois fois.

   La personne qui appelle raccroche en pensant qu'il n'y a personne.

4. La femme voulait répondre, mais elle n'a pas pu.

   La femme n'a pas voulu répondre.

   Le mari n'a pas entendu le téléphone sonner.

5. La fille reproche à ses parents de ne pas avoir répondu.

   Les parents s'excusent de ne pas avoir répondu.

   La jeune fille pense que c'était une amie.

SITUATION 3
L'auto-stop

1. La jeune fille est morte de fatigue.

   La jeune fille est en pleine forme.

   La jeune fille est un peu fatiguée.

2. La jeune fille a mis 24 heures pour rentrer du midi en auto-stop.

   Elle a trouvé une voiture qui l'a prise en stop de Saint-Tropez à Paris.

   Elle est rentrée en voiture avec des amis et ils ont eu un accident.

3. La jeune fille a loué une voiture à Saint-Tropez.

   Elle a fait de l'auto-stop à partir de Saint-Tropez.

   Des amis l'ont déposée à Saint-Tropez.

4. Ils ont crevé sur l'autoroute.

   Ils sont tombés en panne sur l'autoroute.

   Ils ont un pneu qui a éclaté sur l'autoroute.

5. Elle s'est fait inviter à déjeuner à Lyon.

   Elle a attendu deux heures à Lyon avant de trouver une autre voiture.

   Elle n'a pas trouvé de voiture et elle a dû prendre le train.

6. La jeune fille parle comme on parle dans sa famille.

   Elle parle argot comme beaucoup de jeunes de son âge.

   Son père accepte très bien sa manière de parler.

SITUATION 4
Y a eu de la casse

1. Il y a eu une manifestation la veille.

   Des malfaiteurs ont cassé les vitrines pendant la nuit.

   Les syndicats ont manifesté le jour même.

2. C'était une manifestation du M.L.F.[1]

   C'était une manifestation d'étudiants.

   C'était une manifestation organisée par les syndicats.

3. Les deux ouvriers ne sont pas d'accord sur les responsabilités.

   Un des ouvriers accuse les étudiants d'être réactionnaires.

   Un des ouvriers a participé à la manifestation.

4. Il y a eu des bagarres entre les manifestants et la police.

   Il y a eu des bagarres entre les commerçants du quartier et les casseurs.

   Il n'y a pas eu de blessés.

5. Le premier ouvrier accuse la police d'être responsable des bagarres.

   Le deuxième ouvrier accuse les étudiants d'être bourgeois, nantis et irresponsables.

   La police a reconnu que les étudiants n'avaient pas de matraques.

1. Mouvement de Libération de la Femme.

SITUATION 6
Gilles a-t-il un alibi?

1. Gilles prétend être rentré chez lui à quatre heures de l'après-midi.

   Gilles prétend être sorti de chez lui à quatre heures de l'après-midi.

   Gilles est allé au Bar des Lilas à quatre heures de l'après-midi.

2. Au Bar des Lilas, on l'a vu boire un ou deux verres.

   Au Bar des Lilas, il prétend qu'il n'a bu qu'un verre d'eau.

   Au Bar des Lilas, on l'a vu boire beaucoup.

3. Gilles dit qu'il a oublié ce qu'il avait fait ce soir-là.

   Gilles dit qu'il est ressorti du bar vers six heures du soir.

   Gilles dit qu'il a quitté le bar et qu'il y est retourné une demi-heure plus tard.

4. Ce soir-là, on projetait *Drôle de drame* à 18 heures.

   Ce soir-là, on ne projetait *Drôle de drame* qu'à 21 heures.

   Ce soir-là, on ne projetait pas *Drôle de drame*.

5. Gilles affirme qu'il n'est pas entré dans l'Impasse du Levant.

   Gilles affirme qu'il ne connaît pas Lili.

   Gilles se trouble quand on lui parle de Lili.

SITUATION 1

Je suis en train de peindre

DANS UN APPARTEMENT -
SONNERIE DU TÉLÉPHONE

Le mari	Tu réponds ?
La femme	Vas-y toi... Je suis en train de faire la vaisselle.
Le mari	Et moi, je suis en train de mélanger la peinture.
La femme	Écoute, j'ai les mains mouillées.
Le mari	Et moi, j'ai les mains sales.
La femme	Dépêche-toi ! Il va raccrocher.
Le mari	Ça y est... Il a raccroché !
La fille	Qui a téléphoné ?
La mère	Je ne sais pas.
La fille	Quoi ! Vous n'avez pas répondu ?
La mère	Écoute, j'étais en train de faire la vaisselle...
Le père	Moi, je suis arrivé trop tard. J'étais en train de peindre.
La fille	C'était peut-être Philippe. Vous exagérez quand même !

SITUATION 2

Mon cheval a perdu !

DEVANT LA TÉLÉVISION

Le mari	Regarde... viens voir... vite.
La femme	Quoi ? Qu'est-ce qui se passe ?
Le mari	Je gagne... J'ai le huit. Il est en tête. Il est en train de gagner la course... Il va sauter... Ça y est, il saute... Oh, zut. Il est tombé. Mon cheval a perdu...
La femme	Toi, tu ne gagnes jamais : « C'est pas » la peine de jouer.

SITUATION 3

L'auto-stop

DANS UN APPARTEMENT

Le père	Ah, te voilà enfin !.
La fille	Je suis « crevée ». Ça fait vingt-quatre heures que je voyage...
Le père	Et qu'est-ce que tu as fait pendant 24 heures ?
La fille	Ben, hier soir j'ai trouvé une voiture à Saint-Tropez. On est tombé en panne sur l'autoroute. On a attendu deux heures et ils m'ont laissée à Lyon ce matin. J'en ai trouvé une autre à midi. On s'est trompé de direction. On s'est retrouvés en sens inverse ! Ils se sont arrêtés pour « bouffer »... Ils ne m'ont pas invitée. Comme j'avais plus de « fric », je suis restée sur le parking. « Y a » un « mec » qui a voulu m'inviter mais j'ai refusé parce qu'il avait une « sale gueule »...
Le père	Tu ne peux pas parler correctement ? Tu sais bien que je déteste ce vocabulaire.
La fille	Si c'est tout ce que tu as à me dire, moi, je vais me coucher...

SITUATION 4
Y a eu de la casse

DANS LA RUE

Ouvrier 1	« T'as vu », « y a » eu de la casse encore. Qu'est-ce qui s'est passé ?
Ouvrier 2	« T'as pas » lu les journaux ? « Y a » eu une « manif »[1] hier après-midi.
Ouvrier 1	Ils ont manifesté ? Qui ça ?
Ouvrier 2	Les étudiants.
Ouvrier 1	Qu'est-ce qu'ils veulent encore ceux-là ?
Ouvrier 2	Ils veulent davantage de profs.
Ouvrier 1	Encore des gauchistes naturellement.
Ouvrier 2	Oh toi, avec tes idées « réac[2] » !...
Ouvrier 1	En tout cas, « y a eu » de la bagarre. Qui a cassé les vitrines ?
Ouvrier 2	« C'est » les casseurs. « C'est pas » les manifestants qui ont cassé les vitrines.
Ouvrier 1	Mais comment ils se sont bagarrés ?
Ouvrier 2	Ils ont jeté des pierres, ils ont lancé des cocktails molotov, « ça a bardé ». Il y a eu des blessés...
Ouvrier 1	Et les étudiants, « ils avaient pas » de matraques ?
Ouvrier 2	Non, même la police l'a reconnu. Toi, tu es toujours contre les « manifs »...
Ouvrier 1	Moi, je suis contre la violence...

1. « *manif* » : manifestation
2. « *réac* » : réactionnaire

SITUATION 5
J'ai essayé d'appeler...

DANS UN APPARTEMENT

Elle	Il est neuf heures et demie. Ils ne sont pas encore là.
Lui	Qu'est-ce qu'ils peuvent bien faire ? Ils sont à l'heure d'habitude.
Elle	Ils ont peut-être eu un accident ?
Lui	Oh, toi, tu vois toujours tout en noir...
Elle	Qu'est-ce qui a bien pu se passer ?
Lui	Peut-être que leur voiture n'a pas démarré. Il gèle ce soir.
Elle	Ou bien ils ont perdu notre nouvelle adresse.
Lui	Je crois qu'ils ont oublié tout simplement.
Elle	Ça m'étonnerait. Ce n'est pas leur genre. Je vais les appeler... Allô, Chantal ! Mais qu'est-ce qui vous arrive ? On vous attend !.
Voix lointaine	Ah enfin, c'est vous. J'ai essayé de vous appeler plusieurs fois.
Elle	Mais nous n'avons pas bougé. Vous avez téléphoné ? Quel numéro est-ce que vous avez fait ?
Voix lointaine	J'ai fait votre numéro, le 33.31.11.11.
Elle	Mais vous savez bien que nous avons changé de numéro. Maintenant nous avons le 33.20.11.11.
Voix lointaine	Ah, c'est vrai, excusez-moi. Je ne l'ai pas noté et j'ai oublié....
Elle	Alors, vous venez ?.
Voix lointaine.	Mais non, je suis désolée, nous ne pouvons pas. Figurez-vous qu'il nous est arrivé un....

SITUATION 6

Gilles a-t-il un alibi ?

CHEZ LE JUGE

Le juge   Voulez-vous me donner votre emploi du temps de vendredi 11 mars à partir de 16 heures ?.

Gilles   Oui, oui, voilà... A 16 heures, je suis sorti de chez moi, j'ai marché, puis je suis allé à pied au Bar des Lilas.

Le juge   Oui. On vous a vu là-bas vers 16 h 30. Le patron a dit que vous avez beaucoup bu.

Gilles   Beaucoup ? Non, juste un verre ou deux.

Le juge   Vous êtes reparti, paraît-il, vers 18 heures.

Gilles   Ensuite, je suis allé au cinéma, au Rex.

Le juge   Quel programme ?.

Gilles   *Drôle de drame.*

Le juge   Je me suis renseigné. *Drôle de drame* n'était projeté qu'à 21 heures.
Alors ?

Gilles   Alors ? « ben », je dois me tromper. L'heure, vous savez...

Le juge   Qu'avez-vous fait entre 18 heures et 21 heures ?

Gilles   J'ai marché, j'ai traîné dans les rues de la ville.

Le juge   L'impasse du Levant, ça vous dit quelque chose ?

Gilles   Oui, c'est au Port. Je connais oui. Mais « j'y suis pas » allé ce jour-là. Non, non. Ah oui, je me rappelle, j'ai suivi les quais. J'ai marché tout doucement, il faisait beau.

Le juge   Du bar jusqu'au cinéma Rex, il y a 800 mètres environ. Trois heures pour 800 mètres, c'est tout de même beaucoup. D'autre part, il faisait beau, certes, mais à partir de 7 heures du soir, il fait nuit. Vous dites que vous vous êtes promené trois heures au bord de quais mal éclairés. Alors essayez de vous rappeler. Vous êtes sûr que vous n'êtes pas allé « Impasse du Levant » ?

Gilles   L'impasse du Levant ? Non, non. J'ai peut-être été dans le coin, mais je ne suis pas entré dans l'impasse. Je ne suis pas allé chez Lili.

Le juge   Bon, nous y voilà. Vous connaissez Lili ?.

Gilles   Oh, un peu seulement. Une bonne copine d'autrefois. D'ailleurs, tout le monde connaît Lili dans le coin.

Le juge   Elle a été tuée ce jour-là à 20 heures.

Attentes et incertitudes

ambiance

Emmanuelle Riva
dans *Hiroshima mon amour* (Un film de A. Resnais).

Anouk Aimée.

ATTENTE

Jean-Paul Belmondo dans *Pierrot le Fou* (Un film de J.-L. Godard).

situations

■ JE T'ATTENDS DEPUIS TROIS-QUARTS D'HEURE

Il attend depuis longtemps.
Elle devrait être là.
D'habitude elle est à l'heure.

■ ELLE EST PARTIE DEPUIS TROIS SEMAINES

Ils sont inquiets.
Ils n'ont pas de nouvelles de leur fille.
Il y a trois semaines qu'elle est partie,
et le temps leur paraît long.

■ IL Y A QUINZE JOURS QU'ELLE NE DORT PAS

Depuis quelque temps,
elle ne dort plus.
Elle est au chômage depuis six mois,
depuis que sa société a fait faillite.
Elle a cherché du travail pendant des mois.

Danièle Gégauff
dans *Merry go round* (un film de J. Rivette).

■ ON NE SAIT JAMAIS

Ils vivent ensemble depuis trois ans.
Ils n'ont pas l'intention de se marier.
Ils ne songent pas encore à avoir des enfants.

C. Le Bailly et B. Ferreux
dans *L'enfant secret* (un film de P. Garrel).

■ TROP TARD !...

Je regrette, Monsieur,

■ MAIS DEPUIS QUAND ?

elle est déjà partie.

Au-delà de cette limite
votre billet doit être validé
compostez . le

Ils ne savaient pas
qu'il fallait composter leurs billets.

■ ON MANGE BIEN A STRASBOURG

Il n'est pas en forme.
Cela fait longtemps qu'il n'a pas pris de vacances.
Il finira peut-être par se laisser convaincre
d'aller à Strasbourg, parce qu'on y mange très bien.

à lire et à découvrir

Depuis quand... ?

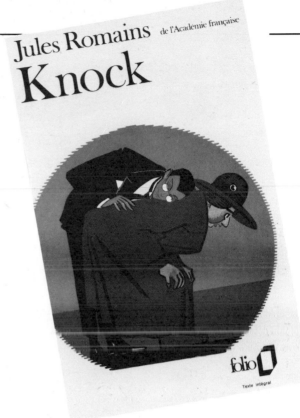

 *Knock*

Le rôle du Docteur Knock fut joué au théâtre par Louis Jouvet.

KNOCK, *la faisant asseoir.* — Vous vous rendez compte de votre état ?

LA DAME, — Non.

KNOCK, — Tant mieux. Vous avez envie de guérir ou vous n'avez pas envie ?

LA DAME, — J'ai envie.

KNOCK, — J'aime mieux vous prévenir tout de suite que ce sera très long et très coûteux.

LA DAME, — Ah ! Mon Dieu ! Et pourquoi ça ?

KNOCK, — Parce qu'on ne guérit pas en cinq minutes un mal que l'on traîne depuis quarante ans.

LA DAME, — Depuis quarante ans ?

KNOCK, — Oui, depuis que vous êtes tombée de votre échelle.

LA DAME, — Et combien est-ce que ça me coûterait ?

KNOCK, — Qu'est-ce que valent les veaux, actuellement ?

LA DAME, — Ça dépend des marchés et de la grosseur. Mais on ne peut guère en avoir de propres à moins de quatre ou cinq cents francs.

KNOCK, — Et les cochons gras ?

LA DAME, — Il y en a qui font plus de mille.

KNOCK, — Eh bien ! ça vous coûtera à peu près deux cochons et deux veaux.

LA DAME, — Ah ! là là Près de trois mille francs ? C'est une désolation, Jésus, Marie !

KNOCK, — Si vous aimez mieux faire un pélerinage, je ne vous en empêche pas.

Extrait de *Knock,* œuvre théâtrale de Jules ROMAINS.
Éd. Gallimard, « coll. Folio ».

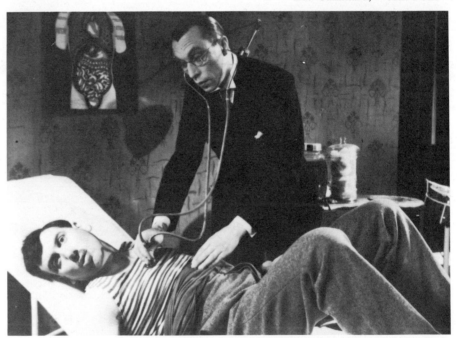

Louis Jouvet dans *Knock* (un film de R. Goupilières et L. Jouvet, 1933).

QUELQUES SUGGESTIONS :

Vous pouvez analyser le déroulement des répliques entre le Docteur Knock et la dame et, sur ce modèle, fabriquer une courte scène en changeant les personnages. Vous pouvez, par exemple, utiliser les situations suivantes :

- **Un étudiant qui parle une langue étrangère en faisant beaucoup de fautes va trouver le directeur d'une école de langues.**
- **Un monsieur qui veut avoir une meilleure entente avec sa femme va trouver un psychologue.**
- **Une personne qui veut engager une procédure judiciaire va exposer sa situation à un avocat.**

pratique de la langue

Interroger (et répondre) sur la durée d'un état actuel (qui continue)

L'état est positif

- **Il y a** combien de temps **que** vous êtes ici.
- **Ça fait** combien de temps **que** vous attendez ?
- **Il y a** combien de temps **que** vous apprenez le français ?
- **Ça fait** combien de temps **que** vous habitez en France ?

ou :

- Vous êtes ici **depuis** combien de temps ?
- Vous attendez **depuis** combien de temps ?
- Vous apprenez le français **depuis** combien de temps ?
- Vous habitez en France **depuis** combien de temps ?

Réponses possibles :
- **Il y a** un quart d'heure (**que** je suis ici)
- **Ça fait** une heure **que** j'attends.
- J'apprends le français **depuis** six mois.
- J'habite en France **depuis** deux ans.

L'état est négatif

- **Il y a** combien de temps **que** vous dormez mal ?
- **Ça fait** combien de temps **que** vous ne l'avez pas vue ?
- **Ça fait** combien de temps **que** vous n'êtes pas allé au cinéma ?

ou :
- Vous ne dormez pas **depuis** combien de temps ?
- Vous ne l'avez pas vu **depuis** combien de temps ?
- Vous n'êtes pas allé au cinéma **depuis** combien de temps ?

Interroger sur la durée d'un état ou d'une action passés

- Pendant combien de temps avez-vous attendu ?
- Pendant combien de temps avez-vous étudié le français ?
- Pendant combien de temps avez-vous habité en France ?
- Pendant combien de temps avez-vous été chômeur ?
- Pendant combien de temps avez-vous été marié ?

N. B. : L'emploi de **pendant**, n'est pas toujours nécessaire :
- **Combien de temps** avez-vous attendu ?

On peut inverser l'ordre du verbe et du groupe adverbial :
- Vous avez attendu **combien de temps** ?
- Vous avez habité en France **pendant combien de temps** ?

Interroger sur le temps qu'il faut (ou qu'on a utilisé) pour accomplir une action

- **En** combien de temps avez-vous fait cet exercice ?
- Je l'ai fait en dix minutes.
- Ça se fait **en** combien de temps ?
- Ça se fait **en** une heure.

ou :

- Combien de temps **avez-vous mis**[1] pour faire cet exercice ?
- **J'ai mis** dix minutes.

Noter les expressions :
- Faire le tour du monde **en 80 jours.**
- Venir **en dix minutes.**

1. Du verbe *mettre.*

Mettre en rapport deux actions (ou une action et un état)

(Rapport de simultanéité et/ou de causalité) :

- **Depuis que** j'ai appris cette nouvelle, je suis malade.
- **Depuis que** je vous ai vu, j'ai divorcé.
- **Depuis que** le gouvernement a bloqué les salaires, les prix ont tendance à rester stables (les prix ont diminué).

On peut inverser l'ordre :

- Il n'y a plus de grèves **depuis que** le gouvernement a augmenté les salaires.

Depuis + substantif nominalisé :

- **Depuis** son départ à la retraite, il est plus détendu.
- **Depuis** l'arrestation des terroristes, il n'y a plus d'attentat.

Dès que = aussitôt que

- **Dès qu'**il l'a vu, il est tombé amoureux.
- **Dès que** j'ai appris la nouvelle, j'ai envoyé un télégramme de condoléances.

On peut également inverser l'ordre :

Il est plus détendu **depuis** son départ à la retraite.

Il est tombé amoureux **dès qu'**il l'a vue.

EXERCICE 1

■ **Complétez :**

1. - Depuis que j'ai quitté Paris...
2. - Depuis que je suis rentré de Grèce...
3. - Depuis qu'il est allé aux États-Unis...
4. - Depuis son mariage...
5. - Depuis le deuxième choc pétrolier...
6. - Depuis l'attentat de la rue de la Paix...
7. - Dès que j'ai été prévenue...
8. - Dès l'annonce de la démission du Premier Ministre...
9. - Dès l'annonce de la baisse du dollar...
10. - Aussitôt qu'il l'a su...

EXERCICE 2

■ **Réécrivez**

Faites une seule phrase avec chacun des groupes de phrases suivants en utilisant le procédé de subordination qui convient.

Il y a / ça fait... que - pendant - en - depuis que - dès que - aussitôt que
Utilisez la première personne.

▶ **EXEMPLE :**

- **Vous viviez aux États-Unis - Vous y êtes resté trois ans...**
- **J'ai vécu aux États-Unis pendant trois ans.**

1. - Vous suivez un cours de français. Le cours a commencé il y a six mois.
2. - Vous avez suivi un cours de français qui a duré 6 mois. Maintenant le cours est terminé.
3. - Vous êtes au chômage. Vous avez été licencié il y a un an.
4. - Vous connaissez bien l'anglais. Combien de temps avez-vous mis pour l'apprendre ?
5. - Vous avez perdu contact avec des amis. Vous avez eu de leurs nouvelles il y a trois ans.
6. - Vous préparez un examen, vous ne pouvez pas aller au cinéma. La dernière fois que vous avez vu un film, c'était il y a 3 mois.
7. - Vous êtes en France depuis 3 ans. Vous quittez la France. Combien de temps y avez-vous vécu ?.
8. - Vous avez cessé de fumer la semaine dernière.
9. - Vous avez cessé de fumer il y a un mois. Mais avant, de 1970 à 1983, vous avez beaucoup fumé (faites deux phrases).
10. - Vous aimiez beaucoup les voyages quand vous étiez plus jeune. Vous vous êtes marié et vous ne voyagez plus.
11. - Vous vous êtes cassé la jambe et vous êtes en congé de maladie ; maintenant vous avez le temps de lire.
12. - L'essence a augmenté ; vous n'utilisez plus votre voiture.
13. - Vous avez reçu la nouvelle de la naissance d'une nièce ; vous avez aussitôt envoyé une lettre de félicitations.
14. - Vous avez gagné à la loterie ; quand vous l'avez su, vous avez immédiatement commandé une caisse de champagne.

J.-P. Léaud et B. Lafont dans *La Maman et la Putain* (un film de Jean Eustache). ▶

Je suis en retard mais j'ai une excuse

Que pensez-vous de ces diverses manières de s'excuser:

1. Lesquelles trouvez-vous:
   plausibles et polies?
   agressives et inacceptables?
   bizarres, excentriques, humoristiques?
2. Imaginez la phrase dite par la personne qui a attendu.
3. Lesquelles parmi ces excuses utiliseriez-vous personnellement, quand, où et avec qui?

Voici quelques phrases qui permettent de s'excuser en donnant une explication quand on arrive en retard.

Ma voisine m'a arrêté(e) pour me donner des nouvelles qui n'en finissaient plus.

Je me suis aperçu(e) à la dernière minute que c'était samedi.

J'aurai parié que tu « ferais la gueule ».

J'ai été arrêté(e) dans le métro par un contrôle de police.

Si c'est comme ça que tu m'accueilles, je repars.

Tu pouvais très bien ne pas m'attendre.

Je savais que tu « ferais la tête ».

Je n'arrivais pas à retrouver mes clés.

Je suis resté(e) bloqué(e) dans l'ascenseur.

Il y a eu une grève surprise de dix minutes dans le métro.

J'ai essayé de te téléphoner, mais tu étais déjà parti(e).

Je me suis dépêché(e) pourtant.

Quand on est « moche », on peut attendre.

Je suis là, c'est le principal.

L'autobus est rentré dans une voiture.

Quoi ! Tu es déjà là !

Le téléphone a sonné au moment où je partais.

J'ai confondu la rue de Courcelles et le boulevard de Courcelles.

Je ne m'attendais pas à cette réaction de votre part.

C'était pas la peine de m'attendre.

Si j'avais su que tu me ferais une scène, je ne serais pas venu(e).

Je vous avais prévenu(e) que j'aurais du mal à être là à midi.

Tu es tellement en retard, toi, d'habitude.

Tu sais, les gens à l'heure sont des angoissés.

Impossible de trouver un taxi.

Ma montre était arrêtée.

un peu
de grammaire

Observez

Quelques exemples de transformation de verbes en substantifs (nominalisations) :

- Dès qu'on a annoncé la nouvelle → dès l'**annonce** de la nouvelle.
- Depuis qu'on a augmenté les salaires → depuis l'**augmentation** des salaires.
- Depuis qu'on a bloqué les prix → depuis le **blocage** des prix.
- Depuis que le pouvoir d'achat a diminué → depuis la **la diminution** du pouvoir d'achat.
- Depuis qu'il est revenu → depuis son **retour**.
- Depuis qu'elle est partie → depuis son **départ**.
- Depuis qu'il a démissionné → depuis sa **démission**.
- Depuis qu'ils ont été arrêtés → depuis leur **arrestation**.

Apprenez

- Il est parti pour une quinzaine de jours.
- Il est en France pour huit jours (une semaine).
- J'en ai pour une minute.
- Je n'en ai pas pour longtemps.
- Je ne suis ici que pour huit jours.

Attention

- Il sera là **dans** une demi-heure = il est midi, il sera là à midi et demie.
- Il va arriver **en** une demi-heure = il lui faut une demi-heure pour arriver.

un peu
de stylistique

Poème

Il y a bien longtemps
il y a bien deux ans
Il y a bien dix ans
   que je vous attends
Ça fait bien longtemps
Ça fait bien deux ans
Ça fait bien dix ans
   que je vous attends
Mais depuis deux ans
Mais depuis dix ans
   que je vous attends
Que de changement
Plus de sentiments
   Mes remerciements

Chanson

A la claire fontaine

A la clai re fon—tai—ne m'en al—lant
pro—me—ner j'ai trou—vé l'eau si bel—le
Que je m'y suis bai—gné
REFRAIN
Il ya long—temps que je t'ai—me ja—mais je ne t'ou—blie—rai

A la claire fontaine
   M'en allant promener
   J'ai trouvé l'eau si belle
   Que je m'y suis baignée

Il y a longtemps que je t'aime
Jamais je ne t'oublierai

Sous les feuilles d'un chêne
Je me suis fait sécher
Sur la plus haute branche
Le rossignol chantait

Chante rossignol chante
Toi qui as le cœur gai
Tu as le cœur à rire
Moi je l'ai à pleurer

C'est pour mon ami Pierre
Qui ne veut plus m'aimer
Pour un bouton de rose
Que je lui refusai

J'ai perdu mon amie
Sans l'avoir mérité
Pour un bouquet de roses
Que je lui refusai

Je voudrais que la rose
Fût encore au rosier
Et que mon ami Pierre
Fût encore à m'aimer.

79

pour aller plus loin

Attente et incertitude

Comédiens jouant *En attendant Godot*, de S. Beckett.

En attendant Godot

Extrait 1

ESTRAGON. — Endroit délicieux. *(Il se retourne, avance jusqu'à la rampe, regarde vers le public.)* Aspects riants. *(Il se tourne vers Vladimir.)* Allons-nous-en.

VLADIMIR. — On ne peut pas

ESTRAGON. — Pourquoi ?

VLADIMIR. — On attend Godot.

ESTRAGON. — C'est vrai. *(Un temps.)* Tu es sûr que c'est ici ?

VLADIMIR. — Quoi ?

ESTRAGON. — Qu'il faut attendre.

VLADIMIR. — Il a dit devant l'arbre. *(Ils regardent l'arbre.)* Tu en vois d'autres ?

ESTRAGON. — Qu'est-ce que c'est ?

VLADIMIR. — On dirait un saule.

ESTRAGON. — Où sont les feuilles ?

VLADIMIR. — Il doit être mort.

ESTRAGON. — Finis les pleurs.

VLADIMIR. — A moins que ce ne soit pas la saison.

ESTRAGON. — Ce ne serait pas plutôt un arbrisseau ?

VLADIMIR. — Un arbuste.

ESTRAGON. — Un arbrisseau.

VLADIMIR. — Un — *(Il se reprend.)* Qu'est-ce que tu veux insinuer ? Qu'on s'est trompé d'endroit ?

ESTRAGON. — Il devrait être là.

VLADIMIR. — Il n'a pas dit ferme qu'il viendrait[1].

ESTRAGON. — Et s'il ne vient pas ?

VLADIMIR. — Nous reviendrons demain.

ESTRAGON. — Et puis après-demain.

VLADIMIR. — Peut-être.

ESTRAGON. — Et ainsi de suite.

VLADIMIR. — C'est-à-dire...

ESTRAGON. — Jusqu'à ce qu'il vienne.

VLADIMIR. — Tu es impitoyable.

ESTRAGON. — Nous sommes déjà venus hier.

VLADIMIR. — Ah non, là tu te goures[2].

ESTRAGON. — Qu'est-ce que nous avons fait hier ?.

VLADIMIR. — Ce que nous avons fait hier ?

ESTRAGON. — Oui.

VLADIMIR. — Ma foi... *(Se fâchant.)* Pour jeter le doute, à toi le pompon.

ESTRAGON. — Pour moi, nous étions ici.

VLADIMIR. — *(Regard circulaire.)* — L'endroit te semble familier ?

ESTRAGON. — Je ne dis pas ça.

VLADIMIR. — Alors ?

ESTRAGON. — Ça n'empêche pas.

VLADIMIR. — Tout de même... cet arbre... *(Se tournant vers le public.)* ...cette tourbière.

ESTRAGON. — Tu es sûr que c'était hier soir ?

VLADIMIR. — Quoi ?

ESTRAGON. — Qu'il fallait attendre ?

VLADIMIR. — Il a dit samedi. *(Un temps.)* Il me semble.

ESTRAGON. — Après le turbin[3].

VLADIMIR. — J'ai dû le noter. *(Il fouille dans ses poches, archibondées de saletés de toutes sortes.)*

ESTRAGON. — Mais quel samedi ? Et sommes-nous samedi ? Ne serait-on pas plutôt dimanche ? Ou lundi ? Ou vendredi ?

VLADIMIR. — *(Regardant avec affolement autour de lui, comme si la date était inscrite dans le paysage.)* — Ce n'est pas possible.

ESTRAGON. — Ou jeudi.

VLADIMIR. — Comment faire ?

ESTRAGON. — S'il s'est dérangé pour rien hier soir, tu penses bien qu'il ne viendra pas aujourd'hui !

....

Extrait 2

ESTRAGON. — Tu dis qu'il faut revenir demain ?

VLADIMIR. — Oui.

ESTRAGON. — Alors on apportera une bonne corde.

VLADIMIR. — C'est ça. *(Silence.)*

ESTRAGON. — Didi.

VLADIMIR. — Oui.

ESTRAGON. — Je ne peux plus continuer comme ça.

VLADIMIR. — On dit ça.

ESTRAGON. — Si on se quittait ? Ça irait peut-être mieux.

VLADIMIR. — On se pendra demain. *(Un temps.)* A moins que Godot ne vienne.

ESTRAGON. — Et s'il vient ?

VLADIMIR. — Nous serons sauvés.

S. BECKETT : *En attendant Godot* (extraits),
Éditions de Minuit, Paris 1981.

1. *Il n'a pas dit ferme qu'il viendrait :* il n'a pas dit avec certitude qu'il viendrait.
2. *Tu te goures :* tu te trompes.
3. *Après le turbin :* après le travail.

REPÉRAGE

Quand on a un rendez-vous, on se pose généralement un certain nombre de questions si la personne avec laquelle on avait rendez-vous n'est pas là à l'heure prévue.

Relevez dans ce texte les phrases qui expriment les *incertitudes* portant sur :

- le lieu du rendez-vous ;
- le moment du rendez-vous ;
- les véritables intentions de celui qui a donné le rendez-vous ;
- les chances qu'on a de se rencontrer ou de se manquer.

L'attente

Fragments d'un discours amoureux

Définitions :

ATTENTE. Tumulte d'angoisse suscité par l'attente de l'être aimé, au gré de menus retards (rendez-vous, téléphones, lettres, retours).

« Suis-je amoureux ? — Oui, puisque j'attends. » L'autre, lui, n'attend jamais. Parfois, je veux jouer à celui qui n'attend pas ; j'essaye de m'occuper ailleurs, d'arriver en retard.

Scénographie de l'attente :

Il y a une scénographie de l'attente : je l'organise, je la manipule, je découpe un morceau de temps où je vais mimer la perte de l'objet aimé et provoquer tous les effets d'un petit deuil[1]. Cela se joue donc comme une pièce de théâtre.

Le décor représente l'intérieur d'un café ; nous avons rendez-vous, j'attends. Dans le Prologue, seul acteur de la pièce (et pour cause), je constate, j'enregistre le retard de l'autre ; ce retard n'est encore qu'une entité mathématique[2], computable (je regarde ma montre plusieurs fois) ; le Prologue finit sur un coup de tête : je décide de « me faire de la bile[3] », je déclenche[4] l'angoisse d'attente. L'acte I commence alors ; il est occupé par des supputations[5] : s'il y avait un malentendu sur l'heure, sur le lieu ? J'essaye de me remémorer[6] le moment où le rendez-vous a été pris, les précisions qui ont été données.

Que faire (angoisse de conduite) ? Changer de café ? Téléphoner ? Mais si l'autre arrive pendant ces absences ? Ne me voyant pas, il risque de repartir, etc. L'acte II est celui de la colère ; j'adresse des reproches violents à l'absent : « Tout de même, il (elle) aurait bien pu... », « Il (elle) sait bien... » Ah ! si elle (il) pouvait être là, pour que je puisse lui reprocher de n'être pas là ! Dans l'acte III, j'atteins (j'obtiens ?) l'angoisse toute pure : celle de l'abandon ; je viens de passer en une seconde de l'absence à la mort ; l'autre est comme mort : explosion de deuil : je suis intérieurement *livide*[7]. Telle est la pièce ; elle peut être écourtée par l'arrivée de l'autre ; s'il arrive en I, l'accueil est calme ; s'il arrive en II, il y a « scène » ; s'il arrive en III, c'est la reconnaissance, l'action de grâce : je respire largement, tel Pelléas sortant du souterrain et retrouvant la vie, l'odeur des roses.

Roland BARTHES : *Fragments d'un discours amoureux*, extrait, Coll. « Tel quel », Ed. du Seuil.

1. *Deuil :* douleur causée par la mort de quelqu'un.
2. *Entité mathématique :* ici, idée abstraite et non sentiment vécu.
3. *« se faire de la bile » :* s'inquiéter.
4. *Je déclenche :* je provoque la montée de l'angoisse.
5. *Supputations :* suppositions, hypothèses.
6. *Se remémorer :* se rappeler.
7. *Livide :* très pâle.

[Image de couverture :] ROLAND BARTHES — Fragments d'un discours amoureux — Collection "Tel Quel" — AUX ÉDITIONS DU SEUIL

ACTIVITÉS DE PRODUCTION LIBRE

Bulle Ogier dans *Le Pont du Nord,*
(un film de J. Rivette).

1.
« L'amour de l'attente
ou l'angoisse de l'attente ? »

QUESTIONS

1. ● Avez-vous fait l'expérience d'une longue sé-
paration avec quelqu'un de votre famille ?
Quel sentiment avez-vous éprouvé ?

2. ● Avez-vous fait l'expérience de retrouver un ou
une amie d'enfance après une longue sépara-
tion ? Avez-vous éprouvé de la déception ou au
contraire retrouvé le sentiment ancien ?

3. ● Avez-vous déjà éprouvé soit de l'angoisse, soit
du plaisir dans l'attente ?

4. ● Pensez-vous que les grands sentiments sont, en
général, diminués ou renforcés par l'attente ?

5. ● Quelles sont pour vous les attentes les plus
intenses ? C'est-à-dire celles qui vous procurent
le plus d'émotion ?

2.
« Le rendez-vous »

QUESTIONS

1. ● Lorsque vous avez un rendez-vous dans un lieu
public, pendant combien de temps attendez-
vous, en supposant que la personne est en
retard :
   - Un ami (une amie) ;
   - Un amoureux (un « Jules[1] ») ;
   - Quelqu'un de votre famille (parents-époux-
   enfants) ;
   - Un employé ;
   - Un patron (un supérieur hiérarchique).

2. ● Si la personne arrive avec une demi-heure de
retard (ou plus) qu'est-ce que vous dites, selon
les cas ?
   (Écrivez les phrases que vous dites à chacune
   des personnes. Vous pouvez utiliser l'humour.)

3. ● Quant au moment où vous avez décidé de ne
plus attendre, qu'est-ce que vous faites (selon
les cas) :
   - Vous téléphonez pour avoir des explications ;
   - Vous décidez d'attendre qu'on vous donne
   une explication.

1. Jules : mot argot pour ami de sexe masculin.

Posez ces questions à quelques-uns de vos camarades de
classe.
Ensuite, vous répondrez aux questions qui pourront vous être
posées en grand groupe.
Vous devez être capable de formuler clairement les phrases que
vous aurez préparées en réponse à la question 2.

textes

CANEVAS DE JEUX DE RÔLES

CANEVAS 1

Un monsieur va chez le médecin parce qu'il a mal au pied.

- Le médecin lui demande si ça fait longtemps qu'il a ça.
- Le malade lui répond.
- Le médecin lui demande depuis quand il souffre.
- Le malade lui répond.
- Le médecin lui demande pendant combien de temps il a mal chaque jour.
- Le malade lui répond.
- Le médecin lui demande s'il a eu un accident quand il était petit.
- Le malade lui répond.
- Le médecin lui dit ce qu'il a.
- Le malade lui demande si ça va durer longtemps.
- Le médecin donne ou non une réponse.

CANEVAS 2

Une personne qui a fait de la prison, se présente dans un bureau de placement.

- L'employé lui demande si elle a une profession.
- La personne lui répond qu'elle est cuisinière.
- L'employé lui demande où elle travaillait avant.
- La personne répond qu'elle n'a pas travaillé depuis 8 ans.
- L'employé lui demande pourquoi.
- La personne dit qu'elle était en prison.
- L'employé réagit d'une manière très personnelle.
- La personne répond à sa façon.

CANEVAS 3

Une dame raconte à son mari qu'elle avait rendez-vous avec une amie et qu'elle ne l'a pas retrouvée.

- Son mari lui dit qu'elle ne l'a peut-être pas reconnue.
- La dame répond que c'est possible parce qu'elle ne l'a vue que trois ans auparavant.
- Son mari lui dit qu'en trois ans on ne change pas comme ça.
- Sa femme lui dit que son amie a peut-être changé de couleur de cheveux depuis trois ans.
- Son mari lui dit qu'elle ne devait pas avoir très envie de voir son amie. La dame se défend.

CANEVAS 4

Un jeune homme barbu et aux cheveux mal coiffés, est interpellé par deux agents de police.

1. Dans les couloirs du métro

Agent	Un agent demande les papiers.
Jeune homme	Le jeune homme cherche et ne trouve pas.
Agent	Demande de le suivre au commissariat.

2. Au commissariat

Commissaire	Demande l'identité du jeune homme, date de naissance, où il habite, depuis combien de temps il est en France.
Jeune homme	Répond à chaque question.
Commissaire	Demande pourquoi il n'a pas ses papiers.
Jeune homme	Répond (perdus ou volés).
Commissaire	Interroge sur quand et où ça s'est passé.
Jeune homme	Répond.
Commissaire	Demande s'il a fait une déclaration de perte ou de vol.
Jeune homme	Répond.

Voici trois phrases. Une seule correspond à la situation. Dites si c'est la première, la deuxième ou la troisième.

SITUATION 2

Elle est partie depuis trois semaines

A LA TERRASSE D'UN CAFÉ

1. La jeune fille a souvent donné des nouvelles depuis son départ.

   La jeune fille a écrit une seule fois depuis son départ.

   La jeune fille n'a donné aucune nouvelle depuis son départ.

2. La jeune fille a envoyé une carte postale il y a trois semaines.

   Elle n'a pas donné de nouvelles depuis trois semaines.

   La jeune fille est partie il y a un mois.

3. Les parents ne se font aucun souci au sujet de leur fille.

   La mère n'est pas très inquiète.

   Le père cherche à rassurer sa femme au sujet de sa fille.

4. La mère pense qu'il ne peut rien arriver à sa fille.

   Elle pense qu'il a pu arriver quelque chose à sa fille.

   Le père pense qu'il arrive toujours des histoires aux jeunes.

SITUATION 6

Trop tard !

DANS UN BUREAU

1. Mlle Lambert vient de partir, il y a deux minutes à peine.
   Mlle Lambert est partie, il y a un bon quart d'heure.
   Mlle Lambert est en train de s'habiller pour partir.

2. Elle n'est pas partie puisque sa voiture est encore là.
   La secrétaire va voir si sa voiture est encore là.
   La secrétaire ne met aucune bonne volonté pour aller chercher Mlle Lambert.

3. Le jeune homme croit que la jeune fille est là.
   Le jeune homme pense que la jeune fille fait exprès de le fuir.
   Le jeune homme téléphone pour une affaire professionnelle.

4. La secrétaire a appelé Mlle Lambert, mais celle-ci n'a pas entendu.
   Mlle Lambert était déjà partie, sa voiture n'était pas là.
   La secrétaire fait semblant d'aller chercher Mlle Lambert.

5. Ça fait trois fois que la jeune fille refuse de lui parler.
   Ça fait trois fois que la secrétaire cherche la jeune fille.
   Ça fait trois fois que le jeune homme essaye de joindre la jeune fille.

SITUATION 7

On mange bien à Strasbourg

DANS LE MÉTRO

1. Il y a des mois que Louis et Daniel ne se sont pas téléphoné.
   Il y a des mois que Louis et Daniel ne se sont pas rencontrés.
   Il y a des mois qu'ils ne se sont pas vus.

2. Louis est parti en vacances il y a peu de temps.
   Il y a un an qu'il n'est pas parti en vacances.
   Il y a longtemps qu'il essaye de prendre des vacances.

3. Louis est allé à Strasbourg il y a deux ans.
   Louis n'a pas quitté sa ville depuis deux ans.
   Louis n'est pas allé à Strasbourg depuis un an.

4. Daniel part en déplacement pour trois jours.
   Daniel est en congé en ce moment.
   Daniel va prendre deux ou trois jours de congé.

5. Louis adore prendre l'avion.
   Louis dit que ça lui est égal de prendre le train ou l'avion.
   Louis ne prend jamais l'avion parce qu'il a peur.

SITUATION 1

Je t'attends depuis trois quarts d'heure

A LA TERRASSE D'UN CAFÉ

La jeune fille   Tu es déjà là ?

Le jeune homme   Je suis là depuis trois quarts d'heure. Ça fait trois quarts d'heure que j'attends.

La jeune fille   Quoi ! Trois quarts d'heure ! On avait rendez-vous à 4 heures.

Le jeune homme   Comment ça à 4 heures ? On avait rendez-vous à 3 heures.

La jeune fille   Tu es sûr ?

Le jeune homme   Sûr et certain. Tu es toujours dans la lune.

La jeune fille   Tu peux parler, toi ! Tu n'oublies jamais tes rendez-vous ?

Le jeune homme   Non, moi je suis toujours à l'heure. Je ne suis jamais en retard.

La jeune fille   Oh ! l'autre jour je t'ai attendu pendant toute une soirée !

Le jeune homme   Mais « c'était pas » de ma faute.

La jeune fille   Oh bon, on ne va pas se disputer toute la soirée.

SITUATION 2

Elle est partie depuis trois semaines

DANS UN APPARTEMENT

La mère   Elle exagère. Elle n'a donné aucune nouvelle depuis son départ.

Le père   Ça fait combien de temps qu'elle est partie ?

La mère   Ben, ça fait trois semaines.

Le père   Je ne suis pas inquiet. Elle est très débrouillarde. Elle fait du « stop », elle a eu un problème de voiture, tu vas voir.

La mère   Un problème de voiture. Qu'est-ce que tu appelles un problème de voiture ?

Le père   Je ne sais pas moi ... une panne.

La mère   Tu veux dire un accident, peut-être ?

Le père   Tu exagères. Tu vois tout en noir. Tu es toujours inquiète.

La mère   Oui c'est vrai... mais... elle pourrait quand même envoyer une carte postale.

(Silence - tic-tac de l'horloge)

Le père   Tu penses toujours à elle ?

La mère   Oui, je ne peux pas m'en empêcher.

SITUATION 3

Il y a quinze jours que je ne dors pas

CHEZ LE MÉDECIN

La patiente   Bonjour Docteur.

Le médecin   Bonjour Madame. Alors, qu'est-ce qui vous amène ?

La patiente   Eh bien voilà. Depuis quelque temps ça ne va pas.

Le médecin   Depuis combien de temps ?

La patiente   Oh... depuis quinze jours environ.

Le médecin   Et qu'est-ce qui ne va pas ?

La patiente   Je n'arrive pas à dormir.

Le médecin   Et vous ne savez pas pourquoi ?

La patiente   Non... En fait, il y a trois semaines que je ne travaille plus. Mon bureau a fermé. Je suis au chômage.

Le médecin   Vous avez des soucis et vous ne pouvez plus dormir.

La patiente   Oui, c'est ça. J'essaie de lire de m'occuper...

Le médecin   Vous n'y arrivez pas ?

La patiente   Non, je tourne en rond, je ne fais rien et je suis déprimée.

Le médecin   Écoutez, je vais vous donner quelque chose qui va vous remonter. Mais bien sûr, le plus important, c'est de trouver un emploi.

SITUATION 4

On ne sait jamais

A LA FAC

Jeune fille 1	Dis donc, Françoise et Jean, ça a l'air de marcher entre eux ? Tu crois qu'ils vont se marier ?
Jeune fille 2	Oui, ils sont très amoureux.
Jeune fille 1	Ça fait longtemps qu'ils se connaissent ?
Jeune fille 2	Ça fait trois mois.
Jeune fille 1	Et elle, il y a lontemps que tu la connais ?
Jeune fille 2	Oh moi, je la connais depuis toujours. Je la connais depuis dix ans, depuis le lycée. Elle était dans ma classe.
Jeune fille 1	Elle a l'air adorable. Tu crois que ça va durer longtemps leur histoire ?
Jeune fille 2	« Bien malin qui pourrait le dire[1] ».

1. Il s'agit d'un dicton.

SITUATION 5

Mais depuis quand ?

DANS UN TRAIN

Un contrôleur	Madame, votre billet n'est pas valable.
Une voyageuse	Il n'est pas valable, mon billet ? Qu'est-ce qu'il a ?.
Le contrôleur	Il n'est pas composté.
La voyageuse	Qu'est-ce que ça veut dire composté ?.
Le contrôleur	Vous devez le valider en le mettant dans une machine.
La voyageuse	Depuis quand ?.
Le contrôleur	Mais depuis longtemps déjà.
La voyageuse	Ça, c'est un peu fort. Mais je ne savais pas.
Le contrôleur	Tout le monde le sait, Madame. C'est écrit partout. C'est obligatoire depuis 1979.
La voyageuse	Mais moi, je suis étrangère, je ne savais pas.
Le contrôleur	Je suis désolé, c'est le règlement. Vous devez payer une amende.
La voyageuse	Moi « je suis pas » d'accord pour payer cette amende.
Le contrôleur	Madame si vous ne payez pas, vous devez descendre avec moi à la prochaine gare...

SITUATION 6
Trop tard
DANS UN BUREAU

Voix d'homme	Allô, le 75.30.22.22 ?
Une secrétaire	Oui Monsieur.
Voix d'homme	Mademoiselle Lambert, s'il-vous-plaît. C'est très urgent.
La secrétaire	Mademoiselle Lambert vient de partir, Monsieur. Il y a deux minutes à peine.
Voix d'homme	Vous ne pouvez pas aller la chercher, s'il vous plaît. J'ai un message urgent.
La secrétaire	Attendez, je vais voir si sa voiture est encore là. Ne quittez pas.
Voix d'homme	Mais, à quelle heure est-ce qu'ils terminent dans cette boîte ? Elle n'est jamais là. Ça fait trois fois que je l'appelle. Je me demande ce qu'elle fait. Il est cinq heures, elle devrait être là. Je n'arrive jamais à la joindre. Pourtant la dernière fois, elle avait l'air contente de me voir. Ce n'est pas possible. Elle me fuit. Si elle ne veut plus me voir, elle n'a qu'à me le dire.
La secrétaire	Je suis absolument désolée, elle a démarré, je l'ai appelée, elle ne m'a pas entendue. Voulez-vous laisser un message ?.
Voix d'homme	Non, ça ne fait rien, je rappellerai, c'est personnel.

SITUATION 7
On mange bien à Strasbourg
DANS LE MÉTRO

Daniel	Tiens ! Salut Louis ! Il y a des mois qu'on ne s'est pas vus.
Louis	Salut Daniel !
Daniel	Alors ça va ? Qu'est-ce que tu deviens ?
Louis	Bof, comme ça.
Daniel	Oui, je vois ça. « T'as » l'air fatigué. « C'est pas » la grande forme.
Louis	Non, c'est vrai. Il y a longtemps que je n'ai pas pris de vacances. Mais « je peux pas ». J'ai trop de boulot. Et toi, ça va ?
Daniel	Oh, moi, je suis toujours en déplacement. Tiens, samedi prochain je pars à Strasbourg. Viens avec moi. Tu prends deux ou trois jours de congé. On mange bien à Strasbourg, tu sais...
Louis	Oui, c'est une idée ça ! Il y a bien deux ans que je n'y suis pas allé. Oui, mais tu voyages en avion, toi ?
Daniel	Oui, bien sûr. Pourquoi tu me demandes ça ?
Louis	Ben écoute, c'est idiot, mais j'ai « la trouille »[1] en avion.
Daniel	« La trouille » ? Ah, ben, voilà le métro. J'espère que tu n'as pas peur en métro ?.

1. Avoir « la trouille » (argot) = avoir peur.

Le futur, c'est demain

ambiance

La Planète sauvage, film d'animation de R. Topor.

situations

■ *LA BOULE DE CRISTAL*

Ils se marieront
et auront beaucoup d'enfants.

■ *LA VOYANTE ET L'HOMME POLITIQUE*

Sera-t-il élu ?

Bernard Hinault.

■ *LE RÊVE DU COUREUR CYCLISTE*

Qui va gagner ?

■ *COMMENT VOYEZ-VOUS L'AVENIR ÉNERGÉTIQUE ?*

Cela dépendra de la politique adoptée.

Four solaire dans les Pyrénées.

Usine atomique de Pierrelatte.

■ *LE JEU DES « SI »*

Si on était grands,
on pourrait aller sur la lune
et puis aussi au fond de la mer.

■ *SI C'ÉTAIT UNE FLEUR*

Si c'était une fleur ?

Ce serait un lys.

Si c'était un personnage historique ?

Ce serait Danton.

Tableau de Fantin-Latour.

Patrice Chéreau et Gérard Depardieu dans *Danton*, un film de A. Wajda.

à lire et à découvrir

Les feux de la Saint-Jean (21 juin).

L'ESPRIT
ET LA LETTRE

Nuit de la Saint-Jean

Des comédiens italiens et français célébreront la nuit la plus courte de l'année sur la colline de Chaillot. En effet, la salle Gémier reçoit, du 16 au 30 juin, le spectacle de Maurizio Scaparro, « Fragments de Don Qui-chotte », avec l'acteur Pino Micol, qui avait remporté un grand succès dans le même théâtre dans le rôle de Cyrano de Bergerac.

Après les vacances

Roger Blin jouera seul un spectacle Deckett, à la rentrée, au théâtre La Bruyère, inspiré d'une anthologie de textes de Beckett déjà jouée en anglais par l'acteur irlandais Jack Mac-Gowran et intitulée « La fin est dans le commencement ». Aux Mathurins, ce sera Isabelle Adjani et Niels Arestrup qui joueront « Ma-demoiselle Julie » de Strindberg, dans une mise en scène de Jean-Paul Roussillon.

Ordinateur

Le Festival de la Rochelle, du 23 juin au 9 juillet, aura pour thème : « L'Ordinateur. » Musique, danse, théâtre, poésie, cinéma, arts plastiques seront marqués par *« l'intervention de la machine dans le processus de création ».*

PATRICK LORIOT
Nouvel Observateur, 3 juin 1983.

Qu'est-ce que je vais lui dire ?

Bosc *(Le Nouvel Observateur).*

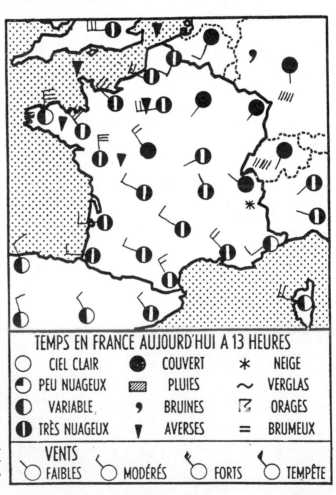

Couvert avec averses

En France aujourd'hui

RÉGION PARISIENNE. — Le ciel restera chargé toute la journée et les averses seront fréquentes. Le vent de nord-ouest soufflera assez fort et la température ne devrait pas dépasser 8-10°.

AILLEURS. — Les Alpes et les régions de l'Est garderont un ciel couvert et subiront quelques petites pluies localisées.

La zone de temps instable (passages nuageux fréquents, averses et vents forts) actuellement sur le Nord-Ouest envahira le reste du pays en cours de journée. Avant son passage, le temps sera très calme mais très nuageux.

Températures maximales : 6 à 8° sur la moitié nord, 10 à 14° dans le Midi.

DEMAIN. — Les nuages et les pluies faibles qui toucheront le Nord et l'Est en matinée s'éloigneront en cours de journée.

Ailleurs des averses se produiront en toutes régions ; toutefois elles s'atténueront en soirée sur l'Ouest.

Températures minimales en légère baisse.

PRESSION ATMOSPHÉRIQUE à Paris le 31 mars à 14 heures : 751,4 millimètres de mercure, soit 1 001,8 millibars.

RENSEIGNEMENTS ASTRONOMIQUES pour le 1er avril (exprimés en heure légale française, base d'observation Paris).

Le Figaro, 1er avril 1983.

SOLEIL : lever, 7 h 31 ; pass. au méridien, 13 h 55 ; coucher, 20 h 19 ; durée du jour, 12 h 48.

LUNE (19e jour) : lever, 0 h 53 ; pass. au méridien, 4 h 39 ; coucher, 9 h 28.

HAUTEURS D'EAU DANS LE BASSIN DE LA SEINE : Bray-sur-Seine, 2,09 ; Montereau, 1,89 ; Melun, 2,95 ; Austerlitz, 1,97 ; La Tournelle, 1,90 ; Chatou, amont 23,25, aval 21,88 ; Bougival, aval 21,49 ; Andrésy, aval 19,15 ; Méricourt, amont 16,73, aval 14,41 ; Joigny, 0,85 ; Sens, 1,40 ; Damery, 1,57 ; Chalifert, 1,69 ; Pontoise, amont 21,72.

Situation stable.

TEMPS EN FRANCE AUJOURD'HUI A 13 HEURES

◯ CIEL CLAIR	● COUVERT	＊ NEIGE
◖ PEU NUAGEUX	▨ PLUIES	～ VERGLAS
◕ VARIABLE	, BRUINES	⟋ ORAGES
◑ TRÈS NUAGEUX	▼ AVERSES	= BRUMEUX

VENTS FAIBLES MODÉRÉS FORTS TEMPÊTE

Il va m'entendre !

Bretécher (*Le Nouvel Observateur*).

pratique de la langue

Apprendre à exprimer une intention

- Qu'est-ce qu'on fera quand on sera grand ?
- Quand je serai grand, je serai pilote de Concorde.
- Demain, je me lève à 6 heures.
- Le week-end prochain, je vais aller faire du ski.
- Demain, j'irai le trouver et je lui dirai ce que je pense.

Pour exprimer une intention, trois formes verbales sont possibles : le **présent***, le* **futur proche** *et le* **futur.**
Ce dernier temps, le futur, marque souvent l'intention ferme et la promesse.

Faire un pronostic
sur un événement futur

- Qu'est-ce qui se passera en l'an 2000 ?
- La télévision deviendra un instrument pratique.
- Le terrien colonisera-t-il l'espace ?
- Aurons-nous des « bébés-éprouvettes » ?

Pour faire un pronostic, on utilise le **futur***.*
Voici quelques verbes et structures utiles pour parler du futur :

Des verbes réguliers

aider	: *aidera*	diminuer	: *diminuera*
améliorer	: *améliorera*	entraîner	: *entraînera*
atténuer	: *atténuera*	innover	: *innovera*
augmenter	: *augmentera*	modifier	: *modifiera*
commencer	: *commencera*	remplacer	: *remplacera*
consommer	: *consommera*	supprimer	: *supprimera*
contrôler	: *contrôlera*	utiliser	: *utilisera*
se développer	: *se développera*		

Des verbes irréguliers

avoir	: *aura*	prévoir	: *prévoira*
être	: *sera*	permettre	: *permettra*
devenir	: *deviendra*	produire	: *produira*
faire	: *fera*	voir	: *verra*

Quelques structures

Il y aura (un bouleversement)...
On aura...
On assistera à...
On pourra...
On sera capable de...
On verra l'apparition de...
On verra apparaître...
La voiture électrique va faire son apparition.
L'automatisation permettra de...
Le TGV sera mis en service sur toutes les lignes de France.
Le laser sera utilisé pour...
L'inflation restera importante.

Lexique du futur

Les prévisions, les pronostics.
Les objectifs.
Les industries du futur.
Un métier d'avenir.
Un secteur en pointe.
Sombres perspectives pour l'emploi.

Remarques

Le verbe au **conditionnel** exprime la probabilité, mais non la certitude.
Cet événement **se situera** en 1990.
Cet événement **se situerait** vers l'an 2000.
« La décennie **pourrait bien voir** se creuser le fossé entre les régions ».

EXERCICE 1

■ **Imaginez une réponse :**

- Où est-ce qu'on ira en vacances quand on aura vendu la maison de campagne ?
- Qu'est-ce que tu vas mettre quand tu iras au mariage de Xavier ?
- Qu'est-ce que vous lirez quand vous serez sur une île déserte ?
- Comment fera-t-elle pour vivre quand elle n'aura plus d'argent ?
- Pour qui travailleront-ils quand leur patron aura fait faillite ?
- A quoi est-ce qu'on jouera quand il pleuvra ?
- Qu'est-ce qu'on boira quand on n'aura plus de vin ?
- Qu'est-ce qu'il dira quand il saura que je le trompe ?
- Qu'est-ce qu'elle pensera quand elle verra cette photo ?
- Qu'est-ce que vous deviendriez quand elle vous quittera ?
- Qu'est-ce que vous ferez quand vous serez rentré en France ?
- Qui me remplacera quand je serai partie ?
- Si vous arrivez en retard au bureau, demain, qu'est-ce que votre patron vous dira ?
- Et vous, qu'est-ce que vous lui diriez ?
- Et si vous ratez le dernier métro ce soir, qu'est-ce que vous allez faire ?
- Vous avez joué au loto, vous avez perdu. Si vous dites la vérité à votre femme, qu'est-ce qu'elle va vous dire ?

EXERCICE 2

■ **Complétez :**

- Si le nombre des naissances augmente...
- Si le prix du pétrole augmente...
- Si la population de la France diminue...
- Si le niveau de vie baisse...
- Si les bébés de 1980 ne sont pas assez nombreux pour payer notre retraite...
- Si l'électronique remplace le livre...
- Si les socialistes restent au pouvoir en France...
- Si le Président des États-Unis est réélu...
- Si on arrive à guérir le cancer...

Faire une hypothèse

Concernant le futur :

- S'il n'y *avait* plus de pétrole, on *devrait* trouver d'autres sources d'énergie.

Concernant le passé :

- S'il *avait été* plus habile, il *aurait obtenu* le poste.

L'hypothèse porte sur l'avenir, observez les temps.

imparfait — conditionnel présent

L'hypothèse porte sur le passé, observez les temps.

plus-que-parfait — conditionnel passé

EXERCICE 2

■ Complétez

- S'il n'y avait pas eu Mai 68...
- Si Jeanne d'Arc n'avait pas existé...
- Si Christophe Colomb n'avait pas découvert l'Amérique...
- Si le Président de la République était une femme...
- Si Paris était au bord de la mer...
- Si Dieu n'existait pas.
- Si Eve n'avait pas mangé la pomme...
- Si le nez de Cléopâtre avait été plus long...

— J'aurais aimé que tu sois quand je t'ai rencontré un artiste pauvre et malade. Je t'aurais soigné. Je t'aurais aidé de toutes mes forces. Nous aurions eu des périodes de découragement, mais aussi des moments de joie intense. Je t'aurais évité, dans la mesure de mes possibilités, tous les mille et un tracas de la vie afin que tu te consacres à ton art. Et puis, petit à petit, ton talent se serait affirmé. Tu serais devenu un grand artiste admiré et adulé, et, un jour tu m'aurais quittée pour une femme plus belle et plus jeune. C'est ça que je ne te pardonne pas !

© Éditions Denoël et Sempé : *Sauve qui peut.*

JEU

Si Napoléon, Archimède, Robinson Crusoé et quelques autres revenaient sur terre, comment passeraient-ils leurs vacances ? A vous de répondre pour eux.

Exemple : Jean Bart ferait de la voile (vous inscrivez son nom en bas du dessin ci-contre).

Les Cyclopes : nom donné à des géants de la mythologie grecque qui n'avaient qu'un œil au milieu du front.

Diogène : philosophe grec qui, dit-on, vivait dans un tonneau (IVe siècle av. J.-C.).

Jonas : personnage de la Bible, qui aurait vécu dans le ventre d'une baleine.

Napoléon : empereur des Français (de 1804 à 1815), et qui partit à la conquête de l'Europe.

Charlemagne : surnommé l'empereur à la barbe fleurie, couronné empereur des Gaules en l'an 800.

L'homme de Cro-Magnon : homme de la préhistoire, dont les restes furent découverts en 1878 en Dordogne. Il serait à l'origine des races blanches.

Les Rois Fainéants : nom donné aux derniers rois mérovingiens parce qu'ils ne s'occupaient pas des affaires de l'État et les confiaient à un maire du palais. Réputés se promener dans un lits tirés par des chevaux.

Jules Verne : romancier français (1828-1905), auteur d'œuvres de « science-fiction » parmi lesquelles on peut citer *Vingt mille lieues sous les mers.*

Robinson Crusoé : personnage du romancier anglais De Foë (XVIIIe siècle), qui réussit à survivre sur une île déserte.

La Vénus de Milo : très fameuse statue grecque exposée au Louvre et à laquelle il manque les deux bras. Elle a été découverte au cours de fouilles archéologiques dans des ruines antiques d'une île grecque des Cyclades.

Gargantua : personnage de Rabelais, réputé pour sa gourmandise et ses capacités d'absorption.

Jean Bart : marin français, grand corsaire de la marine au XVIIe siècle, anobli par Louis XIV en 1694.

Attila : roi des Huns, tribu qui envahit la Gaule et l'Italie au Ve siècle. On lui prête traditionnellement la phrase inscrite sur l'image.

Bernard Palissy : potier, inventeur des émaux (XVIe siècle), si pauvre qu'il dut, dit-on, brûler son mobilier pour obtenir la chaleur nécessaire à ses expériences.

Noé : personnage de la Bible qui, lors du déluge, rassembla dans son arche un couple de toutes les espèces animales.

La chèvre de M. Seguin : personnage d'un conte d'Alphonse Daudet (fin XIXe siècle). Éprise de liberté, elle part sur la montagne, livre toute une nuit un combat héroïque contre un loup et meurt au petit jour.

Archimède : savant grec (IIIe siècle av. J.-C.) qui découvrit dans son bain, dit-on, le fameux principe des corps flottants.

Saint Christophe : patron des voyageurs, qui aurait porté le Christ sur ses épaules pour lui faire traverser un fleuve.

Personnages

GARGANTUA — JEAN BART — ATTILA — BERNARD PALISSY — NOÉ — DIOGÈNE — JONAS — NAPOLÉON — CHARLEMAGNE

LA VÉNUS DE MILO — LA CHÈVRE DE MONSIEUR SÉGUIN — ARCHIMÈDE — St CHRISTOPHE — LES CYCLOPES — L'HOMME DE CRO-MAGNON — LES ROIS FAINÉANTS — JULES VERNE — ROBINSON CRUSOÉ

ce qu'ils feraient

Es caro, supplément au n° 1072 de l'*Humanité-Dimanche*, n° 210.

VACANCES EN CLUB:

MENUISERIE:

SPÉLÉOLOGIE:

LE:

VOYAGES ORGANISÉS:

BATEAU PNEUMATIQUE:

ARCHÉOLOGIE:

SKI NAUTIQUE:

CHE:

HERBORISATION:

CINÉMA:

ALPINISME:

CHASSE ET PLONGÉE SOUS-MARINE:

CINE:

JARDINAGE:

CARAVANING:

CUISINE:

CAMPING:

Exprimer un souhait

- Moi, j'aimerais être aviateur.
- Si c'était possible, je serais hôtesse de l'air.
- Si je pouvais, j'aurais une grande maison.
- Si j'étais riche, je ferais de grands voyages.

Les souhaits liés à une *réalisation hypothétique* s'expriment à l'aide du **conditionnel** et de l'**imparfait**.

■ **Voici quelques façons d'interroger sur des souhaits et d'y répondre :**

Questions

- Qu'est-ce que vous aimeriez (tu aimerais) faire ?
- Qu'est-ce que vous voudriez (tu voudrais) faire ?
- Qu'est-ce qui vous plairait (te plairait) ?
- Qu'est-ce qui vous ferait (te ferait) envie ?
- Qu'est-ce qui vous intéresserait (t'intéresserait) ?
- De quoi auriez-vous (aurais-tu) envie ?

Réponses

- *Je voudrais bien...*
  J'aimerais bien (beaucoup)...
- *J'aurais bien envie de...*
- *Ça me plairait beaucoup de...*
- *Ça serait intéressant de pouvoir...*
      formidable de faire...
      chouette d'aller...
      bien d'avoir...
- *Ce serait bien si on pouvait...*
- *Moi, ce qui me ferait plaisir, ce serait d'aller voir un ballet de Béjart.*
  Moi, ce qui me plairait (le plus), ce serait d'aller entendre Robert Charlebois.
  Moi, ce qui me ferait envie, ce serait de passer la soirée au coin du feu.
  Moi, ce qui m'intéresserait, ce serait d'aller voir l'exposition Manet.

EXERCICE 1

■ **Transformez les phrases de l'exercice «Imaginez une réponse» en phrases conditionnelles et en remplaçant *quand* par *si* (cf. p. 103).**

▶ **EXEMPLE**

Où est-ce qu'on *irait* en vacances *si* on *vendait* la maison de campagne?

EXERCICE 2

■ **Choisissez 5 ou 6 phrases des listes «Être heureux pour un jeune aujourd'hui, qu'est-ce que c'est?» et «Être arrivé pour vous, qu'est-ce que c'est?» et formulez vos désirs en variant les formes chaque fois (cf. liste ci-après pp. 110-111).**

EXERCICE 3

■ **Dites ce que vous feriez si vous étiez dans les conditions suivantes (si vous vous trouviez dans les situations suivantes) :**

- Si vous étiez très beau (belle)...
- Si vous aviez beaucoup d'argent...
- Si vous aviez beaucoup de temps libre...
- S'il vous restait deux heures à vivre...
- Si vous rencontriez un O.V.N.I...
- Si vous arriviez sur une île déserte...
- Si on vous proposait de faire une émission à la télévision...
- Si on vous proposait de jouer un rôle dans un film...
- Si vous pouviez recommencer votre vie...

Apprendre à exprimer la conséquence, en mettant en rapport le moyen utilisé et l'effet obtenu

Voici une phrase extraite de « Pour aller plus loin », à la rubrique *Médecine* :

« Les médecins (...) **verront** leurs fonctions elles-mêmes **modifiées** par la technologie. »

Cette phrase peut se réécrire de diverses manières :

- La technologie **modifiera** les fonctions des médecins.
- Les fonctions des médecins **seront modifiées par** la technologie.
- La technologie **entraînera une modification** des fonctions du médecin.

Ces phrases comportent toutes une structure causale : l'utilisation d'un moyen (ici une technique) entraîne une conséquence ou un effet.

Le verbe **permettre de** relie directement le moyen et l'effet :

« Élaboration de drogues raffinées qui *permettront de* programmer soi-même l'état psychique désiré. » (Rubrique Médecine)

EXERCICE

■ **Réécrivez les phrases suivantes en utilisant les différents modèles proposés[1] :**

- Les opérations chirurgicales modifieront le comportement.
- Les stimulations électriques atténueront la douleur.
- Les médecins pourront examiner leurs patients à distance par téléphone couplé avec un écran.
- Ces systèmes revaloriseront la place du médecin de famille.

1. La structure comportant le verbe **voir** ne peut s'utiliser que lorsque le sujet de la phrase est un être animé.

Exprimer une conséquence ou commenter un fait

On peut exprimer une conséquence ou commenter un fait à l'aide des pronoms **ce qui** ou **ce que** qu'on utilise de la façon suivante :

- Il a été décoré de la Légion d'Honneur, ce qui l'a rendu vaniteux. (Conséquence)
- Il a été décoré de la Légion d'Honneur, ce qu'il méritait bien. (Commentaire)

Dans ces phrases **ce qui** ou **ce que** signifient le fait d'avoir été décoré et introduisent soit une conséquence soit un commentaire selon la nature de la phrase qui suit.

Souvenez-vous que ces pronoms ont une autre utilisation :

Ils peuvent servir à mettre en relief un verbe et donc à mettre l'accent sur un point de vue :
- Ce qui (sujet) m'intéresse, c'est la politique.
- Ce qu' (objet) il cherche, c'est une bonne situation.

Ils peuvent servir de complément à un verbe :
- Vous pouvez choisir ce qui vous plaît.
- Dites-moi ce que vous cherchez.
- Là, on trouve tout ce qu'on cherche.

EXERCICE 1

■ **Mettez en relief votre point de vue en transformant les phrases suivantes :**

▶ **EXEMPLE :**
La politique m'intéresse → ce qui m'intéresse, c'est la politique.

- Le bleu me va bien.
- Le café m'excite, pas le thé.
- Je préfère la musique de Mozart.
- Aller dans un restaurant chinois me ferait très plaisir.
- Je redoute les conséquences de la crise économique.
- En peinture, l'Impressionnisme me plaît.
- En littérature, je préfère le roman.
- Pour l'instant, j'envisage d'aller aux sports d'hiver à Pâques.
- Je risque ma réputation dans cette affaire.
- J'admire l'esprit de sacrifice.

107

EXERCICE 2

■ **Observez la transformation suivante :**

- **Qu'est-ce que** tu vas faire cet été ?

- Je ne sais pas encore **ce que** je vais faire.

■ **Et maintenant répondez aux questions suivantes sur le même modèle :**

- Qu'est-ce que vous voulez comme apéritif ?

- Qu'est-ce qui vous ferait plaisir comme cadeau ?

- Qu'est-ce qui pourrait te décider à accepter ?

- Qu'est-ce que tu vas lui acheter pour son anniversaire ?

EXERCICE 3

■ **Terminez les phrases en imaginant une ou plusieurs conséquences à l'aide de** *ce qui* **ou** *ce que* **:**

- Il a mis une petite annonce dans le journal...

- Il a bu trois verres de whisky...

- Ils ont vendu leur appartement de Paris...

- Ils ont fait un hold-up dans une banque...

- Ils ont vidé leurs camions sur l'autoroute...

- Elle a mangé des escargots devant moi...

- Au moment de partir, ils n'ont pas retrouvé le chat...

- Il a acheté des actions en bourse...

- Il n'a pas été réélu...

- Les négociations ont échoué...

■ **Terminez les mêmes phrases en imaginant un commentaire.**

Apprendre à exposer les raisons d'un choix

Il faut d'abord **présenter son point de vue.** On peut le faire à l'aide des formes suivantes :

A mon avis	*A notre avis*
Je pense que	*Nous pensons que*
Je considère que	*Nous considérons que*
J'estime que	*Nous estimons que*

Il faut ensuite **donner la raison du choix** :

Nous avons choisi ....pour les raisons suivantes.
Nous avons choisi ....parce que ....
Si nous avons choisi ....c'est parce que......................
C'est parce que.................que nous avons choisi ....

Il faut également être capable d'**exprimer son désaccord** à l'égard d'un point de vue :

Je ne suis pas de cet avis / de votre avis
Vous avez tort de penser que...
Ce n'est pas parce que... que...

Il faut aussi pouvoir **faire des réserves** :

- *Sur le point de vue de l'autre :* peut-être / en effet / sans doute (avez-vous raison) mais...

- *Sur la probabilité d'un événement :* Ça me paraît peu probable / peu réalisable / Je doute que (subjonctif) / Ça m'étonnerait que (subjonctif)

- *Sur l'opportunité d'un événement :* Ça me paraît dangereux / risqué / peu souhaitable / Ça comporte des risques / Je suis très réservé sur ce point / Il faut être très prudent quand on parle de...

▶ **REMARQUE :**

Si on utilise le pronom **on** avec les verbes *penser, considérer, estimer,* il devient possible de présenter un point de vue ou un fait général.

On peut également utiliser les verbes liés au pronostic :
- On prévoit que (futur)...
- On s'attend à (substantif)...
- On s'attend à ce que (subjonctif)...

EXERCICE

■ **Donnez votre point de vue sur les éventualités suivantes (est-ce possible et souhaitable ?).**

- La nourriture sera faite d'aliments synthétiques.

- L'homme vivra jusqu'à 150 ans.

- Il ne subira plus le vieillissement physique.

- Il pourra se faire mettre en hibernation pour des siècles.

- L'homme pourra vivre au fond des mers.

- Une partie de l'humanité pourra émigrer dans le cosmos.

- Les bébés seront élevés en éprouvettes.

- On pourra procéder à des manipulations génétiques en vue d'améliorer l'espèce.

- Les phénomènes para-psychologiques seront élucidés.

- La médecine sera essentiellement préventive et la plupart des maladies auront disparu.

Voici les valeurs auxquelles croit la société française de 1982.

Famille : 88 % - Idéal politique : 33 %

Avez-vous plutôt confiance ou plutôt pas confiance dans les valeurs ci-dessous :

	confiance	pas confiance	sans opinion	par rapport à janvier 1981
La famille	88 %	9 %	3 %	− 1 %
Les études	81 %	13 %	6 %	(1)
Le progrès	79 %	15 %	6 %	− 2 %
Le travail	75 %	21 %	4 %	− 3 %
Le mariage	72 %	20 %	8 %	− 3 %
La patrie	66 %	24 %	10 %	− 4 %
L'avenir	60 %	32 %	8 %	− 2 %
La religion	51 %	33 %	16 %	− 2 %
L'idéal politique	33 %	47 %	20 %	(1)

(1) Ne figurait pas en 1981.

Qui n'a pas confiance dans...

... La famille :
— les 50-64 ans : 12 %.

... Les études :
— les jeunes : 21 % des 18-24 ans,
— les ouvriers (18 %),
— ceux qui ont un niveau d'instruction technico-commercial (16 %).

... Le progrès :
— les jeunes : 19 % des 18-24 ans,
— les petits commerçants et artisans (22 %) et les agriculteurs (19 %).

... Le travail :
— les jeunes : 35 % des 18-24 ans et 26 % des 25-34 ans,
— les ouvriers (30 %),
— ceux qui ont un niveau d'instruction technico-commercial (29 %).

... Le mariage :
— les jeunes : 30 % des 18-24 ans et 27 % des 25-34 ans,
— ceux qui ont un niveau d'instruction technico-commercial (28 %).

... La patrie :
— les jeunes : 41 % des 18-24 ans et 37 % des 25-34 ans,
— les cadres supérieurs et professions libérales (34 %), les cadres moyens et employés (32 %),
— les sympathisants socialistes (29 %),
— ceux qui ont un niveau d'instruction supérieur : 41 %.

... L'avenir :
— les 35-49 ans : 37 %,
— les petits commerçants et artisans (48 %), les agriculteurs (36 %) et les ouvriers (36 %),
— les sympathisants U.D.F. (39 %) et R.P.R. (36 %),
— ceux qui ont un niveau d'instruction technico-commercial (39 %).

... La religion :
— les jeunes : 52 % des 18-24 ans et 44 % des 25-34 ans,
— les cadres moyens et employés (40 %) et les ouvriers (40 %),
— les sympathisants communistes (53 %) et socialistes (41 %),
— ceux qui ont un niveau d'instruction technico-commercial (42 %) et secondaire (40 %).

... L'idéal politique :
— les jeunes : 58 % des 18-24 ans et 57 % des 25-34 ans,
— les petits commerçants et artisans (58 %) les cadres moyens et employés (55 %),
— ceux qui ont un niveau d'instruction technico-commercial (56 %) et supérieur (52 %).

EXERCICE

Si vous en avez la possibilité, faites un sondage sur ces valeurs dans votre entourage, et comparez les résultats avec ceux du tableau ci-contre.

Sondage SOFRES « En quoi les Français ont-ils confiance ? » *Le Nouvel Observateur*, 30 octobre 1982.

Marc Pajot à l'arrivée de la « Route du Rhum », (1982).

Médecins sans frontières.

Dans leur salle d'attente 2 milliards d'hommes.

Campagne de promotion de « Médecins sans Frontières ».

Défilé de l'École Polytechnique.

Être heureux

Être heureux pour un jeune aujourd'hui qu'est-ce que c'est ?

C'est...

faire des études brillantes.
être célèbre.
fonder un foyer.
avoir une moto Honda.
visiter la Corrèze à pied.
connaître un gourou.
avoir une bande de copains.
faire une grande découverte.
être aimé.
avoir l'autonomie financière.
vivre dans son pays natal.
vivre dans une chambre indépendante.
ne pas être condamné au chômage.
posséder une caméra vidéo.
faire le tour du monde.
rencontrer un O.V.N.I.
(objet volant non identifié).
vivre dans une communauté.
accomplir un exploit sportif.
monter sur les planches et chanter.
militer dans une organisation humanitaire,
politique ou religieuse.

QUESTIONS

- Et pour vous, qu'est-ce que c'est, être heureux ?
- Pouvez-vous faire une liste similaire pour les jeunes que vous connaissez (de votre région ou de votre pays) ?

Être arrivé...

Être arrivé pour vous
qu'est-ce que c'est ?

C'est...

payer ses achats avec une carte de crédit.
avoir une machine à laver la vaisselle.
habiter le seizième[1].
écrire dans le « Le Monde ».
faire une thèse de doctorat
avec Edgar Morin[2].
passer un week-end à Deauville.
être invité à l'Elysée.
être la maîtresse d'un homme politique.
voyager en première classe.
avoir une maison de campagne.
déjeuner chez Paul Bocuse[3].
avoir le téléphone.
habiter une H.L.M.
être l'amant d'une vedette célèbre.
dîner chez Maxim's.
rencontrer Michel Foucault dans une soirée.
rouler en Mercedes.
avoir une femme de ménage.
faire un beau mariage.
passer ses vacances au Club Méditerranée.
avoir un abonnement à l'Opéra.
jouer sur le central à Roland-Garros.
courir le Tour de France.
s'habiller chez un grand couturier.
recevoir un prix littéraire.

1. 16e arrondissement à Paris.
2. Sociologue de renom.
3. Cuisinier Chef célèbre.

Le couturier J.-.L. Sherrer et ses mannequins.

François Mitterrand et la Reine mère d'Angleterre.

L'Opéra de Paris.

Apprenez quelques prépositions

Sur

- Il a obtenu 10 **sur** 20 à son examen.
- **Sur** les coureurs du Tour de France, 5 ont abandonné à la fin de la première étape.
- **Sur** les dix principales agglomérations de France, neuf sont situées dans la partie orientale du pays.

En dépit de

- **En dépit de** tous mes efforts je n'ai pu le convaincre.
- **En dépit de** la recommandation du Ministre, il n'a pas obtenu le poste.
- Eh bien, **en dépit des** rêves fous, l'automobile de demain ne sera pas radicalement différente de l'actuelle.

Pour exprimer la conséquence (un fait entraîne un autre fait)

Du coup

- Je l'ai cherché partout, je n'ai pas pu le trouver, **du coup,** j'ai décommandé la soirée.
- En 1990, l'électricité nucléaire coûtera deux fois moins que celle issue des centrales au fuel ; **du coup,** le pétrole (...) aura tendance à devenir une précieuse matière première de la chimie.

D'où

- Il a été très indulgent pour moi, d'**où** ma reconnaissance.
- Economie, sécurité, confort. De ces impératifs, c'est surtout le premier qui préoccupe les bureaux d'études ; d'**où** une réduction de 20 % à 25 % de la consommation.

Souvenez-vous

Ce qui = le fait de ...

- Il a été décoré de la Légion d'Honneur, **ce qui** était bien mérité.
- On fera passer des petites annonces sur les écrans des ordinateurs familiaux — **ce qui** pose un problème difficile à la presse qui tire une partie de ses ressources des petites annonces.

un peu
de stylistique

L'amour a donc aussi
cassé sa pipe

L'amour a donc
       aussi
           cassé
              sa pipe * » ;

Si tôt
Si vite
Faudra-t-il donc se laisser faire
Faudra-t-il donc fermer la porte
Si tôt
Si vite
Rangerons-nous les draps des noces
Noces gagées
Noces cachées
Si tôt
Si vite
L'amour a donc aussi cassé sa pipe ?

On te verra donc chez les filles
On me verra donc aux cocktails
Je parlerai avec un tel
De tes projets de ta famille
Chacun son tour à tour de rôle
Car il faut bien nous éviter
Nous irons dans la « Société »
Chacun son tour à tour de rôle.

Je vais écrire à mon copain
« Copain d'abord » de la chanson
Qui sait se frotter aux saisons
Que septembre me semble loin
Aujourd'hui ça m'est bien égal
Que l'été se change en automne
Et que les jours soient monotones
Aujourd'hui ça m'est bien égal.

* Maïakovski.

Le Temps des Cerises

Quand nous chanterons le temps des cerises
Et gai rossignol et merle moqueur
Seront tous en fête
Les belles auront la folie en tête
Et les amoureux du soleil au cœur
Quand nous chanterons le temps des cerises
Sifflera bien mieux le merle moqueur

Mais il est bien court le temps des cerises
Où l'on s'en va deux
Cueillir en rêvant des pendants d'oreilles
Cerises d'amour aux robes pareilles
Tombant sous la feuille en gouttes de sang
Mais il est bien court le temps des cerises
Pendants de corail qu'on cueille en rêvant

J'aimerai toujours le temps des cerises
C'est de ce temps-là que je garde au cœur
Une plaie ouverte
Et Dame fortune en m'étant offerte
Ne pourra jamais fermer ma douleur
J'aimerai toujours le temps des cerises
Et le souvenir que je garde au cœur

Le Temps des Cerises, chanson célèbre
qui fait allusion à mots couverts
aux événements de la Commune de Paris.

Je n'aurai plus mon grenadier
Entre les draps blancs du plaisir
Tu n'auras plus le droit de dire
Que je suis ton sable d'été
Il est bien fini le voyage
Entre la Provence et la Bièvre
De la source jusqu'à tes lèvres
Il est bien fini le voyage.

L'amour a cassé sa pipe,
texte d'Hélène MARTIN, Éd. Seghers.

Choisissez un événement futur dont vous souhaitez la réalisation et faites une ou deux strophes pour exprimer les sentiments que vous éprouverez lors de sa réalisation.

pour aller plus loin

Les changements des années 80

Le paquet de Gauloises à 6 francs, la voiture 7 CV à 83 650 francs, la place de cinéma à 43 francs : c'est ce qui nous attend en 1989 si la hausse des prix se poursuit au même rythme qu'au cours de la décennie qui s'achève (elle a été de 139 % entre octobre 1969 et octobre 1979).

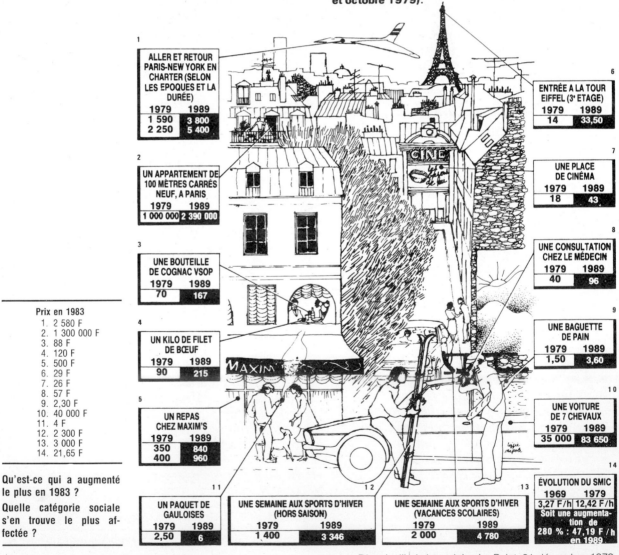

Prix en 1983
1. 2 580 F
2. 1 300 000 F
3. 88 F
4. 120 F
5. 500 F
6. 29 F
7. 26 F
8. 57 F
9. 2,30 F
10. 40 000 F
11. 4 F
12. 2 300 F
13. 3 000 F
14. 21,65 F

Qu'est-ce qui a augmenté le plus en 1983 ?

Quelle catégorie sociale s'en trouve le plus affectée ?

1 ALLER ET RETOUR PARIS-NEW YORK EN CHARTER (SELON LES ÉPOQUES ET LA DURÉE)

1979	1989
1 590	3 800
2 250	5 400

2 UN APPARTEMENT DE 100 MÈTRES CARRÉS NEUF, A PARIS

1979	1989
1 000 000	2 390 000

3 UNE BOUTEILLE DE COGNAC VSOP

1979	1989
70	167

4 UN KILO DE FILET DE BŒUF

1979	1989
90	215

5 UN REPAS CHEZ MAXIM'S

1979	1989
350	840
400	960

6 ENTRÉE A LA TOUR EIFFEL (3ᵉ ÉTAGE)

1979	1989
14	33,50

7 UNE PLACE DE CINÉMA

1979	1989
18	43

8 UNE CONSULTATION CHEZ LE MÉDECIN

1979	1989
40	96

9 UNE BAGUETTE DE PAIN

1979	1989
1,50	3,60

10 UNE VOITURE DE 7 CHEVAUX

1979	1989
35 000	83 650

11 UN PAQUET DE GAULOISES

1979	1989
2,50	6

12 UNE SEMAINE AUX SPORTS D'HIVER (HORS SAISON)

1979	1989
1 400	3 346

13 UNE SEMAINE AUX SPORTS D'HIVER (VACANCES SCOLAIRES)

1979	1989
2 000	4 780

14 ÉVOLUTION DU SMIC

1969	1979
3,27 F/h	12,42 F/h

Soit une augmentation de 280 % : 47,19 F/h en 1989

D'après l'hebdomadaire *Le Point*, 31 décembre 1979.

BUREAU

De nombreuses innovations : une machine à écrire électrique qui lira à voix haute.

Les téléphones qui répondront seuls.

Les téléconférences qui éviteront les déplacements.

Au travail les innovations seront nombreuses, surtout dans les bureaux...

En vente, dès le printemps 1980 : la première machine à écrire électronique capable de relire un texte à grande et intelligible voix. La synthétisation de la voix va se répandre dès 1980 dans tous les domaines.

Les téléphones

Ils répondront seuls. Les standards passeront automatiquement les communications, les retiendront si le poste est occupé, les interrompront en cas d'urgence ; ils sauront retrouver le destinataire d'un appel absent de son bureau dans un rayon de trois cents mètres.

Les téléconférences

Elles existent en France depuis 1975. But : économiser du temps, de l'argent, en évitant les déplacements. Principe : conversation entre groupes de différentes personnes depuis quatre villes... un écran reproduit des documents dans les quatre salles ; un crayon électronique permet d'écrire sur les écrans.

MAISON

L'ordinateur va entrer à la maison.

Il aura un rôle important.
L'ordinateur sera partout.

Il arrive enfin à la maison. Il coûtait moins de 10 000 francs en 1979. Son prix sera divisé par deux vers 1985. Son rôle : tenir à jour le budget du ménage ; calculer les impôts ; conserver en mémoire des menus et des recettes ; aider les enfants à faire leurs devoirs ; jouer aux échecs ; calculer les calories à dépenser chaque jour, etc. La sécurité : avertisseurs automatiques d'incendie ou de fuite de gaz ; système d'alarme pour les cambrioleurs.

COMMUNICATIONS

La télévision remplacera peut-être les journaux.

Le petit écran remplacera-t-il les journaux ?

On pourra lui poser de multiples questions, demander le nom de la pharmacie de garde, les prévisions de la météo, le programme du cinéma local, etc. On y fera passer des petites annonces — ce qui pose un problème difficile à la presse, surtout à la presse régionale, qui tire une partie de ses ressources des petites annonces. A partir du moment où le petit écran lié à l'ordinateur sera capable de fournir instantanément le même type d'information que les journaux ceux-ci ne seront-ils pas en danger ? De grands bouleversements sont certains.

MÉDECINE: Développement des recherches sur le cerveau. Utilisation du laser et des ondes en radiologie. Diagnostic et traitement à distance. **PERSONNALITÉS :** En 1990, des vedettes d'aujourd'hui auront disparu. D'autres seront dans la plénitude de l'âge.

MÉDECINE

Des nouvelles drogues et des opérations chirurgicales permettront de modifier le comportement et l'état psychique.

Les médecins feront des diagnostics à distance.

Les recherches sur le cerveau :

Élaboration de drogues raffinées qui permettront de programmer soi-même l'état psychique désiré ; opérations chirurgicales qui modifieront le comportement, le caractère et les émotions, stimulations électriques qui atténueront, voire supprimeront la douleur.

Les médecins, dont le nombre commencera à diminuer à partir de 1983, verront leurs fonctions elles-mêmes modifiées par la technologie. A la fin de la décennie, ils pourront examiner leurs patients à distance, par téléphone couplé avec un écran. Une banque de données, consultée de la même manière, aidera au diagnostic et donnera tous les renseignements et leurs contre-indications. Ces systèmes revaloriseront la place du médecin de famille qu'il sera possible de consulter de n'importe quel endroit.

INDUSTRIE. En croissance jusqu'en 1985 : construction électrique, parachimie, aéronautique et spatial, automobile. En difficulté : textile, bâtiment et travaux publics, matériaux de construction. **EMPLOI :** L'horizon 85 est noir : entre 1,5 million et 2,4 millions de chômeurs.

INDUSTRIE

Le Plan a choisi de développer les industries à haute technologie, la construction électique et l'aérospatiale, mais aussi :
- l'agro-alimentaire
- la télématique
- les satellites
- les industries de la mer...
Importance de l'innovation : des entreprises « locomotives » ou des entreprises « boulets ».

Le Plan a établi la liste des grands programmes « décisifs » pour un proche avenir : on y apprend que les industries du futur ne sont pas seulement des industries à haute technologie comme la construction électrique et l'aérospatiale par exemple ; au premier rang d'entre elles, le plan a en effet choisi l'agro-alimentaire. Et au second plan, les matériels économisant l'énergie.

Viennent ensuite les composants électroniques et surtout les circuits intégrés, la télématique, les transports collectifs, les satellites, l'ingénuosité spatiale (principalement pour l'exportation) et les industries de la mer...

Des faiblesses purement nationales freineront l'essor des secteurs aussi importants que la chimie, les véhicules industriels, la sidérurgie, la mécanique, le textile, la presse et l'édition.

Il y aura de moins en moins de secteurs totalement gagnants ou totalement perdants. Il y aura des entreprises innovatrices et d'autres qui ne le seront point. Les premières deviendront des locomotives ; les secondes des boulets. La crise a fait comprendre la nécessité absolue d'innover. Dieu merci, voilà qui va permettre de rencontrer, y compris dans le textile ou la sidérurgie, des entreprises heureuses.

EMPLOI

Deux scénarios pour l'emploi :
- dans l'hypothèse favorable le nombre des chômeurs sera de 1,7 million,
- dans l'hypothèse défavorable il sera de 2,4 millions.

Sombres perspectives pour l'emploi en France... Pour les années 1978-1985, l'I.N.S.E.E. a procédé à une série de prévisions suivant deux scénarios : dans le premier, la politique actuelle est, dans ses grandes lignes, poursuivie ; dans le second, elle est au contraire infléchie. La durée du travail est par exemple réduite, tandis que la fiscalité sur les produits pétroliers est fortement relevée pour en limiter la consommation. Pour l'emploi, l'horizon 85 est, dans tous les cas, noir. Le nombre de demandeurs d'emplois dans cinq ans se situerait, en effet, entre 1,7 million dans le scénario et l'hypothèse les plus favorables et 2,4 millions dans les cas les plus défavorables.

A mi-course des années quatre-vingt, la situation de l'emploi en France devrait cependant s'améliorer, lentement mais à peu près sûrement. C'en sera fini, en effet, des générations nombreuses de l'après-guerre à la recherche d'un premier emploi. On verra également davantage d'hommes et de femmes de 65 ans quitter la vie active.

Deux hypothèses pour l'emploi	La politique actuelle est modifiée		La politique actuelle est poursuivie	
Nombre d'emplois créés ou supprimés	Avec un environnement international favorable	Avec un environnement international défavorable	Avec un environnement international favorable	Avec un environnement international défavorable
Agriculture	− 00 900	− 60 900	− 53 300	− 53 300
Industries agricoles et alimentaires	− 8 400	− 10 200	− 16 000	− 7 600
Energie	− 9 400	− 9 400	− 10 700	− 10 700
Biens intermédiaires (composants électroniques, matériaux de construction...)	− 30 800	− 33 900	− 36 600	− 39 600
Biens d'équipement	+ 11 000	− 1 200	− 6 800	− 18 100
Biens de consommation	− 30 900	− 33 000	− 41 000	− 43 000
Bâtiment, génie civil	+ 16 900	+ 14 200	− 16 000	− 18 300
Transports, télécommunications	+ 12 900	+ 11 000	+ 6 100	+ 4 400
Location, crédit-bail immobilier	+ 300	+ 300	+ 300	+ 300
Autres services	+ 94 000	+ 85 800	+ 74 800	+ 67 100
Commerces	+ 5 700	+ 300	− 900	− 6 100
Assurances, organismes financiers	+ 3 800	+ 3 800	+ 3 800	+ 3 800
Total	+ 4 200	− 33 100	− 96 300	− 31 100

POPULATION

Hypothèse « optimiste » :

Dans l'hypothèse optimiste de 2,1 % enfants par femme, la population se stabilisera en l'an 2050.
Dans l'hypothèse pessimiste de 1,8 % enfants, elle se stabilisera en 2005, la population française vieillit.

Si le taux de fécondité est de 2,1 enfants par femme, le nombre des naissances augmentera : il passera de 745 000 en 1975 à un maximum de 865 000 en 1988, pour décroître ensuite lentement... il déclinera lentement jusque vers 2050, où la France atteindra la croissance zéro. Dans la seconde moitié du XXIe siècle, le nombre des français se maintiendrait un peu au-dessus de 60 millions.

Hypothèse « pessimiste » :

Si le taux de fécondité est de 1,8 enfant par femme, le nombre des naissances restera à peu près constant pendant la décennie et ne commencera à décliner qu'après 1990. L'excédent des naissances sur les décès atteindra seulement 124 000 (la moitié de ce qu'il est dans l'hypothèse précédente). Et, dès 2005, la « croissance zéro » serait atteinte. En l'an 2005, la population atteindrait un maximum de 56 millions de personnes (au lieu de 59 dans la première hypothèse) et décroîtrait ensuite.

Quelle que soit l'hypothèse considérée, un phénomène est inéluctable : la population française vieillit. Elle compte de moins en moins de jeunes... et la population d'âge actif (l'ensemble des classes d'âges de 20 à 64 ans) progresse régulièrement grâce au boom démographique de l'après-guerre. Conséquence... le paiement des retraites est largement assuré pendant la décennie. A court terme donc, peu de problèmes : l'horizon 1990 n'est pas bouché. A long terme, suivant ce que l'un ou l'autre scénario l'emporte, le visage de la France changera.

ENSEIGNEMENT

Dans l'enseignement secondaire: une alternative: classes moins nombreuses ou enseignants moins nombreux ?
Dans l'enseignement supérieur: de plus en plus d'étudiants.

En raison de la dénatalité, il y aura, en 1990, 1 200 000 élèves en moins dans les écoles, collèges et lycées (13 millions aujourd'hui)... ou bien on allègera les classes, ou bien on réduira le nombre des enseignants... On pourrait avoir dans certains cas des classes de moins de 20 élèves, comme c'est déjà le cas en Allemagne, atteinte plus tôt que la France par la dénatalité...

L'enseignement supérieur, en revanche, continuera de grossir : 950 000 étudiants annoncés dès 1983 (100 000 de plus qu'en 1978-1979).

SCIENCE

La révolution biologique:
- modification du programme génétique des bactéries;
- production industrielle des protéines.

Ce qu'elle entraîne:
une amélioration dans le domaine de la nourriture, de la santé et de la lutte anti-pollution.

Nourriture, santé, énergie, textile, lutte anti-pollution, c'est tout notre milieu qui sera touché au cours de 10 prochaines années par la « révolution biologique », connue sous le nom de « génie génétique » ou « bactériogénique ».
Le principe : en dix ans, les chercheurs sont parvenus à modifier le programme génétique de certaines bactéries, afin de leur faire produire industriellement des protéines indispensables pour fabriquer de nouveaux médicaments ou pour dégrader les ordures ménagères.

MÉTÉO

En 1979 : on pouvait
prévoir le temps 3 jours
à l'avance.

En 1986 : on pourra le prévoir
6 jours à l'avance.

Grâce à un ordinateur 20 fois
supérieur au plus puissant des
ordinateurs de 1979.

Objectif de la météorologie nationale pour 1986 : prévoir le temps sur une région précise 6 jours à l'avance (en 1979 on ne dépassait guère 3 jours)... Un ordinateur sera bientôt mis en service, sa puissance sera de 20 fois supérieure à celle de l'ordinateur actuel le plus puissant, il utilisera une technique qui exige une température voisine du zéro absolu (- 273°).

AUTOMOBILE : Consommation réduite de 20 à 25 %. CIRCULATION : Des ordinateurs pour régler les feux. AUTOROUTES : Développement freiné. RAIL : Paris-Lyon en deux heures. ÉNERGIE : Le nucléaire fournira 70 % de l'électricité.

AUTOMOBILE

Améliorations :
- économie , sécurité, confort ;
- réduction de la
consommation.

Nouveautés :
- la voiture électrique ;
- et toujours la 2CV !

Eh bien, en dépit des rêves fous, l'automobile de demain ne sera pas radicalement différente de l'actuelle !... économie, sécurité, confort. De ces impératifs, c'est surtout le premier qui préoccupe les bureaux d'études ; d'où une réduction de 20 % à 25 % de la consommation. Comment ? Par l'amélioration de l'aérodynamisme, l'allègement du poids (alliages légers, remplacement du verre, trop lourd, par le plastique)...

La voiture électrique va faire son apparition... Les hypothèses les plus pessimistes prévoient que rouleront en France, en 1990, au moins 700 000 voitures ou camionnettes électriques. Leur utilisation sera essentiellement urbaine.

Enfin, amusante découverte : la 2 CV sera toujours construite, son constructeur n'arrive tout simplement pas à remplacer ce « phénomène sur roues ». Un record de longévité, puisqu'elle fut conçue avant la seconde guerre mondiale et sortit au Salon de Paris en 1948 !

ÉNERGIE

Le nucléaire :
- énergie abondante
et deux fois moins chère
Le pétrole :
- une matière précieuse.
Le solaire : 1 à 2 % de l'énergie.

En 1979, les centrales nucléaires ont fourni 15 % environ de notre production d'électricité. En 1985, elles en fourniront 56 % ; et 70 % en 1990. A cette date, l'électricité nucléaire coûtera deux fois moins que celle issue des centrales au fuel.

Du coup, le pétrole - qui restera bien évidemment le carburant privilégié des transports - aura tendance à devenir une précieuse matière première de la chimie (matières plastiques).

Quant au solaire, les estimations officielles (très fluctuantes) évaluant entre 3 et 5 % sa part dans le bilan énergétique du pays... en l'an 2000. C'est dire que, dans les années 80, il représentera 1 à 2 % de l'énergie.

RÉGIONS : Aggravation (au bénéfice de l'Est) du déséquilibre entre l'Est et l'Ouest.
INFLATION : Si elle se poursuit au même rythme, nous paierons, à la fin des années quatre-vingt, 215 francs le kilo de filet de bœuf.

RÉGIONS

L'Est de la France sera surpeuplé.
L'Ouest deviendra désert.

A l'Est du nouveau[1] : la décennie qui s'ouvre pourrait bien voir se creuser davantage le fossé qui sépare la France de l'Orient et celle de l'Occident, au détriment de l'Ouest. Sur les dix principales agglomérations de France, neuf sont situées dans la partie orientale du pays et Lyon est celle dont la croissance est la plus rapide. Les deux cinquièmes des « actifs » français vivent dans trois régions — Nord, Région Parisienne, Rhône-Alpes — qui ne couvrent pas 15 % du territoire. Cette tendance a toutes les chances de s'accentuer avec l'aménagement du canal Rhin-Rhône, la mise en service du train à grande vitesse (TGV) qui reliera Paris à Lyon en deux heures dès le mois d'octobre 1983 et la construction du tunnel sous la Manche entre Douvres et Calais dont l'inauguration est prévue en janvier 1988.

1. Allusion au livre de Érich Maria Remarque : *A l'Ouest, rien de nouveau*.

*Voici maintenant les changements
que prévoit la société Air Liquide*

la santé

L'homme du siècle prochain sera-t-il immortel?
Sûrement pas! répondent médecins et chercheurs.

Et pourtant, les 12 milliards d'êtres humains qui occuperont
la planète en 2075 devront se soigner. Mieux encore,
l'homme de l'an 2000 prendra soin de sa santé
avant que la maladie ne l'atteigne. De plus en plus,
il cherchera à préserver l'intégrité de son corps.

Dès la conception... qui ne se fera peut-être plus que
dans des éprouvettes, il sera protégé, étudié, analysé...

L'hôpital du XXIe siècle ne sera-t-il pas sous une immense
cloche en plexiglas, sorte de "Jardin de Vie", dont
l'atmosphère contrôlée, favorisera le retour à la santé?

la mer et ses ressources

La mer, "continent" liquide qui couvre les 3/4 de notre
planète, se révèle chaque jour davantage à l'homme
parti à la découverte de ses richesses.

Dès 1881, J. d'Arsonval songeait à utiliser les différences
de températures existant entre la surface des océans
et les eaux profondes; Georges Claude tentait
en 1930 une série d'expériences qui furent contrariées
par les insuffisances technologiques de son époque.

De nouvelles études sont aujourd'hui engagées
aussi bien pour utiliser l'énergie thermique des mers
que l'énergie des vagues.

Cette conquête de la mer apportera l'aquaculture
et ses élevages spécialisés; la connaissance
des grands courants permettra aussi bien de détecter
la marche des typhons que les déplacements des bancs de
poissons.

Des laboratoires océanographiques et des "villages
sous-marins" capables d'abriter des équipes d'océanautes
permettront de gérer l'ensemble de ces richesses.

l'agro-alimentaire

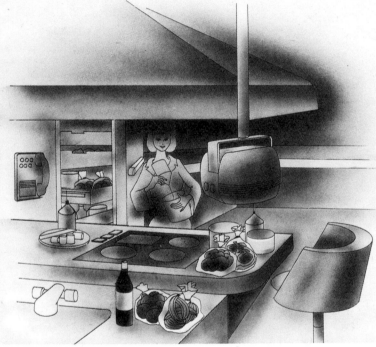

Dans la cuisine de demain... la nourriture de chaque jour ne sera sans doute pas faite d'aliments synthétiques en pilules, d'algues en sorbets, ni de steack de protéines tirées du pétrole et stérilisées sous rayonnement.

Pour nourrir l'humanité de demain, il faudra développer encore les ressources nutritionnelles de la terre par la fertilisation des sols, la protection chimique des plants et des récoltes, la sélection des variétés les plus productives.

La prolongation de la durée de vie des denrées et la conservation de leurs qualités initiales de produits frais seront permises par l'utilisation du froid et des atmosphères de protection.

ACTIVITÉS DE PRODUCTION LIBRE

1. La maison de vos rêves

Vous imaginez la maison que vous aimeriez avoir. Et vous en faites la description (employez le futur). Vous devez être le plus précis possible : les pièces seront-elles vastes et ouvertes à la circulation, ou petites et intimes ?

Vous décrivez la couleur des murs, la décoration, etc.

Ensuite, vous irez interviewer vos camarades pour leur demander qu'ils vous décrivent leur maison et vous leur décrirez la vôtre (employez toujours le futur).

Vous ferez équipe avec celui ou ceux dont la maison se rapproche le plus de la vôtre.

2. Le voyage dont j'ai envie

Vous projetez de faire un voyage. Dites le (ou les) pays où vous irez, les raisons pour lesquelles vous voulez y aller.

Indiquez l'itinéraire et les étapes, le mode de déplacement et d'hébergement (Tous les types de voyage sont possibles : du tour du monde en paquebot de luxe au camping à bicyclette).

Vous irez ensuite trouver vos camarades et vous leur décrirez ce voyage pour les convaincre de venir avec vous.

Vous composez votre groupe et vous en rendez compte au reste de la classe (N'oubliez pas d'utiliser le futur).

textes

CANEVAS DE JEUX DE RÔLES

CANEVAS 1

Un enfant refuse de partir en classe de neige avec son école.

- La mère lui explique qu'il va partir avec sa classe.
- L'enfant refuse de la quitter.
- La mère lui explique ce qu'il fera (du ski, de la luge, des jeux).
- L'enfant s'obstine (et pleure).
- Elle essaye de le convaincre en décrivant les avantages.
- Intéressé, l'enfant pose des questions.
- La mère répond.
- Décision de l'enfant.

CANEVAS 2

Monologue

Une starlette rêve de sa carrière. Elle fait part à une amie au téléphone de ce rêve. Elle revient du Festival de Cannes.

- Elle a rencontré un metteur en scène.
- Elle espère « décrocher » un rôle pour un téléfilm.
- Elle espère un succès de ce film.
- Elle espère rencontrer un metteur en scène pour un long métrage.
- Elle espère gagner un oscar.
- Avec cet oscar, elle espère être connue.
- Une fois connue, elle espère devenir une vedette mondiale.

CANEVAS 3

Une personne consulte une voyante, avec une demande précise (réussite à un examen, mariage, emploi, etc.).

- La personne exprime sa demande.
- La voyante cherche dans les cartes ou dans la boule de cristal, et dit ce qu'elle voit.
- La personne est pressée d'avoir une réponse à sa question.
- La voyante donne une réponse vague.
- La personne commence à s'énerver (ou à être angoissée).
- La voyante la rassure (ou la calme).
- La personne précise sa question.
- Réponse inquiétante de la voyante.

Un vieux couple a acheté un billet de loterie. Ils imaginent qu'ils vont gagner et envisagent l'avenir selon leur tempérament. L'un voit la vie en rose, l'autre voit tout en noir. Ils envisagent l'avenir en pensant aux conditions pour obtenir ce qu'ils veulent : « Si tu fais cela, tu auras cela ».

A : Rêve d'une maison au bord de la mer.

B : Pense qu'il y a trop de monde l'été.

A : Propose d'acheter à la montagne.

B : Pense qu'il fait trop froid à la montagne.

A : Propose des voyages.

B : Dit qu'il y a des révolutions (ou des tremblements de terre).

A : Propose d'arrêter de travailler et de faire de la politique.

B : Répond que c'est dangereux, on se fait des ennemis.

A : Réaction personnelle.

A : Veut absolument quelque chose d'impossible.

B : Veut bien mais ne sait pas comment faire.

A : Propose une solution.

B : Ecarte la solution.

A : Propose une autre solution.

B : Pense que l'idée est intéressante.

A : Discute.

B : Répond.

A et B prennent une décision.

Deux jeunes filles romantiques rêvent de leur futur mari.

A : Fait sa description physique.

B : Répond qu'elle n'aime pas ce type d'homme.
Elle dit comment sera le mari qu'elle aimerait avoir.

A : Décrit les qualités morales de son futur mari.

B : Dit que ça ne l'intéresse pas. Décrit les qualités qui l'intéressent.

A : Critique B.

B : Dit que A est trop idéaliste et qu'elle ne se mariera jamais.

A : Veut une famille nombreuse.

B : Ne veut que deux garçons.

A : Lui dit qu'elle n'aura pas forcément ce qu'elle veut.

B : Lui répond qu'elle a toujours eu ce qu'elle voulait.

Deux personnes font des projets d'avenir. Elles veulent s'associer pour fonder une entreprise. Un dimanche après-midi, elles se sont donné rendez-vous chez l'une d'entre elles (B). Elles possèdent des capitaux limités et un petit local.

A : Arrive (salutations).

B : Répond et l'invite à s'asseoir.

A : Demande des nouvelles.

B : Répond et propose une boisson.

A : Accepte en demandant sa boisson préférée.

B : Apporte la boisson ; A remercie et ils arrivent au sujet de l'entretien.

A : Propose de fonder une société d'intérim.

B : Lui oppose des objections d'ordre moral (exploitation des employés).

A : Trouve une justification.

B : Insiste.

A : Accepte une autre éventualité et demande à B ce qu'il propose.

B : Propose de fonder une société de gestion immobilière.

A : Demande s'ils ont les compétences juridiques requises (nécessaires).

B : Exprime des doutes, s'interroge et expose les risques.

A : Suggère le réalisme et la prudence ; étant donné leurs capitaux et le local, il serait préférable de songer à ce qui est le plus rentable et le moins risqué dans l'immédiat (restaurant, boutique de mode, disques, vidéo, etc...).

Voici trois phrases. Une seule correspond à la situation.
Dites si c'est la première, la deuxième ou la troisième.

SITUATION 4

Le rêve du coureur cycliste

1. Il s'agit d'une course automobile.
   Il s'agit d'une course de chevaux.
   Il s'agit d'une course cycliste.

2. Le coureur va passer à la télévision.
   Le coureur est déjà passé à la télévision.
   Le coureur passera à la télévision s'il gagne cette étape.

3. Le coureur est très riche. Il a gagné le Championnat du monde.
   Le coureur gagnera beaucoup d'argent s'il gagne l'étape.
   Le coureur a gagné l'étape. Il a gagné beaucoup d'argent.

4. Il a une Mercedes depuis « Le Tour de France ».
   Il rêve d'une Mercedes.
   Il va acheter une belle voiture américaine.

5. La voiture du coureur a coûté six millions.
   Une Mercedes coûte six millions.
   Le coureur va emprunter six millions pour acheter une Mercedes.

6. Il est connu à l'Élysée.
   Le Président l'invitera à l'Élysée.
   Il est invité à l'Élysée tous les ans avec les sportifs.

7. Il est en train de construire une maison sur le terrain de son grand-père.
   Il va faire construire une maison après la course.
   Il a construit une maison sur le terrain de son grand-père.

8. Les transports routiers, ça rapportera gros dans le futur.
   Le coureur travaillera dans une entreprise de transports s'il gagne.
   Le coureur montera et dirigera une entreprise de transports s'il gagne.

SITUATION 6

Comment voyez-vous l'avenir énergétique ?

1. L'interview a lieu en 1985.
   L'interview a lieu en 1981.
   L'interview a lieu en 1983.

2. Les prévisions de l'ingénieur sont pessimistes.
   Les prévisions de l'ingénieur sont optimistes.
   Les prévisions de l'ingénieur sont nuancées.

3. L'énergie nucléaire fournira 30 % de l'énergie totale.
   L'énergie nucléaire fournira 75 % de l'énergie totale.
   L'énergie nucléaire fournira 10 à 15 % de l'énergie totale.

4. La bio-masse est l'énergie contenue dans certains minéraux.
   La bio-masse est l'énergie contenue dans les végétaux.
   La bio-masse est l'énergie apportée par le soleil.

5. Les énergies nouvelles apporteront une toute petite partie de l'énergie consommée.
   Les énergies nouvelles apporteront la plus grande partie de l'énergie consommée.
   Les énergies nouvelles apporteront environ la moitié de l'énergie consommée.

SITUATION 1

Qui va payer le taxi ?

A UN ARRÊT D'AUTOBUS

Lui   Zut, on a raté le dernier autobus !

Elle   Qu'est-ce qu'on va faire ?

Lui   Qu'est-ce qu'on va faire, qu'est-ce qu'on va faire? Eh «ben», on va rentrer à pied!

Elle   Quoi? On va rentrer à pied! «T'es» dingue? A cette heure-ci et par ce froid!

Lui   Écoute, une petite marche, ça va te faire du bien.

Elle   Tu appelles ça une petite marche, toi ? Il y a bien trois kilomètres. Moi, je rentre en taxi !...

Lui   En taxi ! Et qui va payer !

SITUATION 2

La boule de cristal

A LA FOIRE

La voyante   Je vois une jeune fille, elle est belle, elle est étrangère... Elle est dans un pays au bord de la mer... Je vois la mer, vous partirez en bateau, vous ferez un grand voyage...

L'amoureux   Elle sera avec moi ?

La voyante   Attendez... ! Elle a les cheveux au vent, elle est heureuse... Oui, il y a un jeune homme avec elle... C'est vous ! Vous allez partir, vous ferez un long voyage en bateau, vous habiterez l'étranger.

L'amoureux   Où, dans quel pays ?

La voyante   Ce sera loin, très loin... Vous serez dans un pays merveilleux ! Il y aura du soleil. Vous y resterez longtemps...

L'amoureux   Mais, on se mariera ?

La voyante   Oui, vous vous marierez. Vous serez heureux avec elle, elle vous aime. Elle vous aimera toujours et vous aurez beaucoup d'enfants.

1. *«Ben»* correspond à la prononciation fréquente de *bien*.

SITUATION 3

Avec ou sans toi, je pars !

DANS UN BISTRO

Professeur   Qu'est-ce que tu fais à Noël ?

Secrétaire   Rien de spécial, je ne sais pas encore si j'aurai un congé. Tu sais, je n'ai pas les vacances scolaires, moi.

Professeur   Vous ne faites pas le pont dans ta boîte ?

Secrétaire   Si, mais ça ne fera que quatre jours.

Professeur   Dans ce cas, tu partiras en week-end avec Olivier ?

Secrétaire   Ben oui, s'il est décidé à partir. Je ne sais pas s'il pourra.

Professeur   Tu veux dire « s'il voudra » ?

Secrétaire   Qu'est-ce que tu veux dire par là ?

Professeur   Tu sais bien ce que je veux dire... En tout cas, il faut prendre une décision d'ici une semaine.

Secrétaire   Pourquoi ? Tu as peur qu'il n'y ait plus de place ?

Professeur   Évidemment.

Secrétaire   Et si je ne partais pas avec toi, qu'est-ce que tu ferais ?

Professeur   Je partirais quand même ! Avec ou sans toi, de toutes façons je pars.

Secrétaire   Écoute, on n'est pas à une semaine près ; tu peux bien attendre encore quinze jours ?

Professeur   Franchement, c'est difficile de faire des projets avec toi... Si tu ne te décides pas, je te préviens, je pars au Club.

SITUATION 4

Le rêve du coureur cycliste

SUR UNE ROUTE DE CAMPAGNE

Une voix   Vas-y Dédé !

Le coureur Ça y est cette fois... C'est dans la poche !
Y a plus qu'mille mètres a peu près...
Bastien pourra pas me rattraper ! Il est
trop loin. Depuis l'temps qu'j'l'attends ce
moment ! J'vais sûrement gagner cette
fois-ci... Si j'la gagne cette étape, j'ai une
chance de gagner ce Tour[1] Ça va me
faire une grosse somme, un million, c'est
quelque chose... J'passerai sûrement à la
télévision... J'aurai des contrats. J'pourrai
courir le Championnat du monde. Ça me
fera beaucoup de « fric »... Avec ça,
j'pourrai m'acheter une belle « bagnole ».
J'l'aurai peut-être enfin la Mercedes,
depuis le temps qu'j'en ai envie. Combien
ça peut coûter une Mercedes ? Ça va
bien chercher cinq ou six briques... Puis
j'serai reçu à l'Élysée. Le Président, il est
pour les sportifs ! Lui aussi, c'est un
sportif. J'me ferai construire une maison
sur le terrain du Grand-Père. J'aurai une
chouette maison à la campagne... Et
puis, j'serai « peinard »[2], parce que,
quand j'pourrai plus courir j'monterai mon
entreprise de transports. Les transports
routiers, ça rapporte gros[3]... Ah !... m...

(Chien — Bruit de chute)

1. Le Tour de France.
2. Tranquille à l'abri du besoin.
3. L'orthographe de ce dialogue correspond à la prononciation.
   Exemple : *j'vais* pour *je vais.*

SITUATION 5

La voyante et l'homme politique

CABINET DE LA VOYANTE

La voyante Asseyez-vous.

L'homme politique Je viens vous consulter pour savoir si je peux me présenter aux élections.

La voyante Tirez une carte...
Attendez. Je vois beaucoup de monde. Il y aura une assemblée, une réunion, j'entends des applaudissements, des sifflements.

L'homme politique Mais est-ce que j'ai des chances ?

La voyante Vous aurez un adversaire qui est fort, très fort, il aura beaucoup d'applaudissements lui aussi. Il ne vous aime pas. Vos autres adversaires ne sont pas dangereux.

L'homme politique Vous croyez que j'ai une chance ? Ça vaut le coup de me présenter ?

La voyante Roi de cœur. C'est bon. Vous traversez une période difficile. Vous serez découragé. Après, les choses vont s'améliorer.

L'homme politique Ça veut-il dire qu'il y aura ballotage ?

La voyante Vous me demandez des choses trop précises.

L'homme politique Mais quand est-ce que les choses vont s'améliorer ?

La voyante Au mois de Mai.

L'homme politique Alors, c'est bon. Je peux me présenter. Les élections sont en Mai.

La voyante Je crois aussi. Ça devrait marcher.

SITUATION 6
Comment voyez-vous l'avenir énergétique[1] ?

DANS UN BUREAU

Le journaliste Monsieur, vous avez accepté de répondre à nos questions sur l'avenir énergétique.

L'ingénieur Oui.

Le journaliste Nous sommes en 1981, nous allons nous situer en 1985.

L'ingénieur 1985, c'est dans 4 ans. Ce n'est même pas l'avenir. C'est déjà le présent.

Le journaliste Quelle sera, selon vous, la situation énergétique en France à ce moment-là ? Est-ce que nous courons à la catastrophe ? Ou est-ce que nous pouvons rester optimistes ?

L'ingénieur C'est difficile de répondre à cette question... Il faudra développer toutes les sources d'énergie. Et malgré tout, cela ne suffira pas. En 1985, la France devra importer environ 75 % de sa consommation d'énergie.

Le journaliste Est-ce qu'elle en aura les moyens ?

1. Il s'agit d'une interview authentique.

L'ingénieur Cela dépendra du prix du pétrole.

Le journaliste Quelle proportion d'énergie fournira le nucléaire ?

L'ingénieur Environ 10 à 15 % de l'énergie totale, ou 30 % de l'énergie électrique.

Le journaliste Et les énergies nouvelles ? L'énergie solaire par exemple ?

L'ingénieur Elles n'apporteront que 1 % de l'énergie consommée. Et encore !... L'énergie nouvelle la plus utilisée sera la bio-masse, c'est-à-dire, l'énergie contenue dans les végétaux.

Le journaliste Pouvez-vous faire des prévisions pour 1990 ?

L'ingénieur Plus l'horizon est éloigné, plus les prévisions sont difficiles. Entre 85 et 90, il faudra augmenter la production d'énergies nouvelles. Par ailleurs, le nucléaire sert essentiellement à produire de l'électricité. Celle-ci représente une partie de l'énergie totale utilisée. Cette part croît légèrement chaque année. Le problème est de savoir quelle sera cette part en 1990. On commence les études à ce sujet. Ces études permettront de savoir à quel rythme doit se poursuivre le programme nucléaire.

ÉNERGIE
Bilan en 1988

En 1987, les centrales nucléaires ont fourni environ 70 % de la production française d'électricité, ce qui représente une avance par rapport aux prévisions d'il y a cinq ans : ces centrales, construites en série, sont mises en service plus vite et fonctionnent plus régulièrement qu'on ne l'imaginait. L'électricité d'origine nucléaire demeure moins chère que la plupart des autres sources d'énergie, de sorte que le coût de l'électricité en France est un des plus bas d'Europe.

En raison de la crise économique persistante, la consommation d'électricité en France a cru moins vite que prévu : il y aura vers 1992-93 un certain excédent de production. Le programme futur est donc réduit; une partie de l'électricité produite en excédent est exportée dès à présent et ces exportations vont croître dans l'avenir.

La France importe de moins en moins de pétrole, ce qui est un avantage certain : le déséquilibre du commerce extérieur est ainsi réduit. On facilite donc le passage à l'Europe sans barrières de 1992.

Il se confirme que l'énergie solaire est surtout une énergie utilisable au niveau domestique, pour chauffer ou climatiser les maisons individuelles dans les pays ensoleillés. Ce n'est pas une énergie comparable aux grandes sources collectives d'énergie. La première centrale électrique solaire, Thémis, construite près de Perpignan, a dû être arrêtée parce que l'électricité qu'elle produisait n'était pas économiquement rentable.

SITUATION 7

Le jeu des Si

DANS UNE CHAMBRE D'ENFANTS

Enfant 1   C'est moi qui ai gagné !... Qu'est-ce qu'on va faire maintenant ?

Enfant 2   On va jouer à un jeu, le jeu des « Si ».

Enfant 1   Des quoi ?

Enfant 2   Des « Si ». Ça veut dire ce qu'on aimerait si on pouvait...
Par exemple : Qu'est-ce que tu ferais toi, si tu étais riche ?

Enfant 1   Moi, j'irais pas à l'école. Je trouve qu'ils avaient de la chance, les Gaulois, « ils allaient pas » à l'école.

Enfant 2   Oui, et puis ils allaient toujours à la chasse !

Enfants 1   « Ouais », ça serait bien si on pouvait aller à la chasse tous les jours !...

Enfant 2   Oui, mais on est trop petits !...

Enfant 1   Qu'est-ce que t'aimerais faire si tu étais grand ?

Enfant 2   Moi, j'aimerais être aviateur, j'aimerais être pilote de Concorde. Et toi ?

Enfant 1   Moi, ce qui me plairaît, eh ben, ça serait de faire ce que j'aimerais ; faire le tour du monde en bateau et puis descendre au fond de la mer, comme le Commandant Cousteau.

Enfant 2   Oui, et puis on pourrait aller sur la lune si on était grands.

Enfant 1   Et même sur Mars et Vénus ou « j'sais pas » moi...

Enfant 2   Ça serait super ! Mais il faut être entraîné eh !

Enfant 1   Et puis ça serait long. Ça prendrait beaucoup de temps pour y arriver, peut-être des mois ou des années...

Enfant 2   Et puis, ça coûterait cher !

Enfant 1   Oui, mais on serait riches !

Enfant 2   Bon, à quoi on joue maintenant ?

SITUATION 8

Si c'était une fleur...

DANS UNE SALLE DE SÉJOUR

- Qui on choisit ?
- Hélène.
- Si c'était une fleur, qu'est-ce que ce serait ?
- Une rose, une marguerite, une tulipe.
- Si c'était un pays ? Un continent ?
- L'Inde, les États-Unis, la Grèce, le Portugal, l'Italie, l'Asie, l'Amérique, l'Afrique.
- Si c'était un fleuve ?
- Ce serait la Seine, le Rhône, le Danube, le Rhin, le Nil.
- Si c'était un bijou ?
- Une bague, un collier, un bracelet, une broche, des boucles d'oreille.
- Si c'était une œuvre d'art ?
- Un tableau, une symphonie, une sonate, une sculpture, un opéra, une église romaine, un poème, un roman, une épopée.
- Si c'était une ville ?
- Londres, New York, Athènes, Berlin, Moscou, Pékin, Rome.
- Si c'était une montagne ?
- Le Mont Parnasse, l'Olympe, le Mont-Blanc, l'Himalaya, le Kilimandjaro.
- Si c'était un tissu ?
- Ce serait de la soie, du coton, de la laine, du taffetas.
- Si c'était un roman ?
- « *Le Rouge et le Noir* », « *Mme Bovary* », « *La Condition humaine* », « *Les Misérables* », « *La Jalousie* », un roman de Delly.
- Si c'était un poète ?
- Lamartine, Verlaine, Mallarmé, Claudel, Éluard, Apollinaire, Garcia Lorca, Byron.
- Si c'était un métier ?
- Plombier, électricien, paysan, aviateur, marin, pompier, jardinier, bûcheron, ingénieur, couturier.
- Si c'était un animal ?
- Ce serait un chat, un éléphant, un loup, un bébé phoque, une souris, un agneau, une baleine, un aigle, une colombe.

Jeu

Personne B	Qui on choisit ?
Personne C	Brigitte Bardot ?
Personne B	D'accord !
Personne A	Si c'était une fleur, qu'est-ce que ce serait ?
Personne B	Ce serait une rose.
Personne C	... ou une orchidée ?
Personne A	Si c'était un pays ?
Personne B	Ce serait la France, bien sûr !
Personne A	Et si c'était un objet d'art ?
Personne C	Ce serait un film...
Personne A	Si c'était une ville ?
Personne B	Saint-Tropez.
Personne A	Si c'était un roman ?
Personne C	Ce serait « Le Mépris » de Moravia
Personne A	Si c'était un animal ?
Personne B	Un bébé phoque !
Personne A	Et si c'était un métier ?
Personne C	Ce serait une actrice.
Personne B	Ce serait une femme !
Personne A	J'ai deviné : c'est B.B. !
Personnes B, C	Bravo !

MODES D'EMPLOIS

ambiance

situations

ordres et interdits

Mange ta soupe
Ne mets pas tes coudes sur la table !...
Tiens-toi bien !...

Vos papiers s'il-vous-plaît !

J'ÉLÈVE MON ENFANT

Bretécher (Le Nouvel Observateur)

Pendant cinq ans je n'ai pas pris de vacances.

conseils

... Là, il n'aurait pas gagné beaucoup d'argent, mais aurait pu vivre détendu.

...et ici, il aurait pu connaître la paix.

services

Vous ne pourriez pas me rendre un petit service ?

à lire et à découvrir

Bourvil, dans
Tout l'or du monde,
un film de René Clair.

"MOI JE FAIS
OÙ ON ME DIT DE FAIRE!"

BAIGNADE
INTERDITE

Quelques interdits

L'usage de l'ascenseur est interdit aux enfants de
moins de 10 ans non accompagnés

Il est interdit de donner à manger aux animaux

Film interdit aux mineurs de moins de 13 ans

Prière de ne pas toucher aux objets exposés

Attention, sortie de camions nuit et jour

Il est défendu de toucher aux fleurs

Pourboire interdit. Vestiaire gratuit

Entrée interdite, sauf au personnel

Défense de marcher sur la pelouse

Défense de parler au conducteur

Ne pas se pencher à l'extérieur

Autorisé du 1er au 15 du mois

Gardez votre ville propre

Stationnement interdit

Baignade interdite

Défense de fumer

Eau non potable

Défense d'entrer

Propriété privée

Danger de mort

Pêche interdite

INTERDICTION de
PÊCHER sur l'ILE

Pour ne pas fumer

POUR VOUS ORIENTER PLUS FACILEMENT

Vous trouverez partout des symboles ou "pictogrammes"
adoptés par la plupart des réseaux ferroviaires.
Voici les modèles les plus utilisés.

INFORMATION
Bureau de
renseignements

Guichet
des billets

RESERVATION
Réservation
des places

Enregistrement
des bagages

Délivrance des
bagages enregistrés

Consigne
des bagages

Consigne
automatique

Poste d'appel
de porteurs

Chariot
porte-bagages

Bureau des
objets trouvés

Train
autos couchettes

Location d'automobiles
sans chauffeur à la gare

Bureau de change

Bureau de poste

Téléphone public

Salle d'attente

Buvette de gare

Buffet
(restaurant de ga. ?)

Fumeurs

Non fumeurs

Eau potable

Eau non potable

Bains

Douches

Coiffeur

Entrée

Sortie

Toilettes
pour dames

WC
Toilettes
(en général)

Toilettes
pour hommes

Conseils aux voyageurs

pour payer le train
2 fois moins cher

Voyagez
en famille.

**Quand vous partez en famille,
la SNCF offre 50% de réduction
à partir de la 2ᵉ personne.**

Partez
tous les deux !

**La SNCF offre 50% de réduction
à l'un de vous deux.**

Vive la
retraite !

**La SNCF vous offre 50%
de réduction.**

Documents : S.N.C.F.

Pour choisir votre horaire

Tous les renseignements vous sont donnés dans les gares ou les agences de voyages, soit au guichet, soit par téléphone.

Consultez les « affiches-horaires » ou choisissez la « fiche-horaires » correspondant à la relation que vous recherchez. Les « fiches-horaires » sont classées par ordre alphabétique, selon la gare de destination, dans des casiers spéciaux mis à votre disposition dans les grandes gares.

Dans les principales gares, vous pouvez aussi vous adresser au bureau « Informations ».

Il vous est possible également de consulter l'indicateur officiel de la S.N.C.F.

Si vous avez l'intention de réserver vos places, pensez bien à noter le numéro du train et l'heure exacte de son départ.

Pour vous éviter d'attendre au guichet

Surtout en période d'affluence, achetez votre billet à l'avance. Au moment de votre départ, vous accéderez à votre train sans perdre de temps.

Sur les grandes lignes, votre billet est utilisable n'importe quel jour pendant une période de deux mois, vous n'avez plus besoin d'indiquer à l'avance votre jour de départ.

Pour être sûr d'avoir une place dans le train de votre choix

Réservez votre place, assise ou couchée, le plus longtemps possible à l'avance, dans la limite des délais indiqués pages 12 et 13, surtout si vous partez en période d'affluence.

La réservation électronique s'applique aussi aux voitures-lits et aux Trains Autos Couchettes (T.A.C.)

Elle peut également :

• pour certains trains « Corail » : réserver votre place dans la voiture assurant la restauration ;

• pour d'autres trains : réserver votre place dans la voiture restaurant.

Pour trouver vos bagages à destination dès votre arrivée

Pensez à les expédier plusieurs jours à l'avance.

Pour régler

Dans les gares, vous pouvez remettre un chèque postal ou bancaire, au-delà d'une somme minimum.

Les grandes gares acceptent également les règlements au moyen de la « Carte Bleue ».

Carte Inter-rail

Kilométrage illimité dans 20 pays

POUR LES MOINS DE 26 ANS

SNCF

Conseils

Partir serait mourir un peu ? Quelle blague ! Bien au contraire, partir c'est vivre. Et même : vivre abondamment. Vivre avec passion. Partir, c'est naître.

Simplement, il existe des règles. Il suffit de les respecter.

J'en connais trois.

La première est de conjuguer le verbe aimer. A tous les temps. Sous tous ses modes. Aimez la libre découverte. Celle des êtres. Celle des villes et des campagnes inconnues qui attendent que vous les deviniez...

Étranger, soyez l'hôte attentif qui ne méprise rien et ne prend que pour apprendre. Ne vous comportez pas en conquérant. Votre voyage, composez-le comme un bouquet rare : parmi tant de richesses précieusement amassées par la nature et par les hommes, vous inventerez alors votre plaisir selon vos goûts.

La deuxième règle ? Aimez le hasard, ce frère cadet de la liberté. Aimez l'occasion qui ne se représentera peut-être jamais plus. Restez ouvert à deux battants, en vous rappelant que « le hasard sait toujours trouver ceux qui savent s'en servir ».

La troisième est la règle d'or. Comportez-vous en voyage comme vous souhaiteriez qu'on se comportât avec vous. Telles sont les meilleures façons de voir, d'écouter et de comprendre comment bat le cœur d'un pays, au-delà de l'exotisme de façade. Un voyage, c'est un « tour de cartes », réussissez-le.

Voyager, c'est prendre le temps de vivre

Surtout, pas de hâte. Fuyez les occasions d'agacement.

CONSEILS PRATIQUES :
Gardez à portée de main constamment (dans une sacoche attachée à votre poignet ou à votre ceinture par exemple) :
- **votre passeport (non périmé et muni des visas nécessaires) ;**
- **votre carnet de santé international (vos certificats de vaccination en cours de validité). Insérez-le à l'intérieur du passeport, non au fond d'une quelconque valise ;**
- **votre billet de voyage ;**
- **la carte d'embarquement que l'hôtesse vous a remise.**

Si vous voulez faire un bon voyage, sachez éviter les ennuis de santé dûs aux changements de climat, de nourriture, de conditions de vie.
Il est navrant de gâcher de précieuses journées pour n'avoir pas pris quelques précautions indispensables.
D'autant plus qu'il est, dans la plupart des cas, facile de se prémunir et d'éviter ces désagréments.
Voici donc un ensemble de conseils et de règles que nous vous recommandons de suivre.

Le b.a. ba

Si vous suivez un traitement médical, emportez avec vous le stock de médicaments qui vous est nécessaire ; vous ne les trouverez certainement pas là où vous allez !
Ayez avec vous, bien entendu, une trousse à pharmacie de voyage. Que doit-elle contenir, obligatoirement, en plus des médicaments spécifiques dont nous parlerons plus loin ?

Voici : du coton - une bande à pansement - des ciseaux - des pansements stériles - de l'aspirine - un antibiotique à large spectre (genre tétracycline) - des levures ou ferments lactiques - thermomètre médical - une solution de mercurescéine - du sparadrap.
A la maison, ce sont des choses usuelles, qui font partie du quotidien. Ne pas les avoir avec soi en voyage peut être la cause d'ennuis stupides.

Document : Europ Assistance

Conseils aux femmes

Si tu as vingt ans, c'est gratuit. Tu es belle et t'as vingt ans. J'vais te dire un truc, mais j'veux qu'tu le gardes pour toi. Tu peux t'parfumer Calèche pendant tout le mois d'juin et tu l'sais pas. Prends ta carte d'identité va la faire photocopier. Cours vite chez ton parfumeur. Et dis lui la bouche en coeur : J'ai vingt ans comme Calèche. J'en voudrais pour fêter ma jeunesse. Si t'as vingt ans c'est donné. J'peux te jurer qu'il ne te le f'ra pas payer.

Comment ne pas avoir grise mine.

*pour être belle,
il faut le vouloir*

15 conseils pratiques sur Émulsion Vitale
de Biotherm

141

Conseils aux bébés des années 80

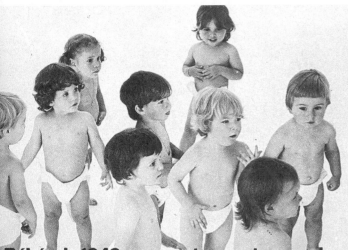

Bébés de 1949, ne comptez pas trop sur les   bébés de 1979 pour payer votre retraite.

Vous connaissez le système : les actifs payent la retraite de ceux qui ont cessé de travailler. On comptait 5 actifs pour 1 retraité en 1968. Pas tout à fait 3 pour 1 en 1979. En 1992 il n'y aura plus que 1 actif pour 1 retraité...

Ne soyons pas alarmistes mais simplement lucides. La retraite, chacun y aspire désormais pour vivre intensément, et profiter au maximum de ses loisirs; le maintien de son train de vie à ce moment-là est donc une préoccupation légitime.

Il est devenu nécessaire, à côté de votre retraite professionnelle de vous constituer vous-même une retraite supplémentaire que vous contrôlerez.

A cette demande très actuelle, l'UAP Vie répond par des contrats très actuels : la gamme complète Assur, et notamment le "dernier-né" Assur-Retraite.

Ils vous permettront de consolider votre retraite, ou de l'anticiper si vous le souhaitez.

Dans tous les cas, de vous assurer un train de vie confortable quand vous aurez cessé de travailler. Tout en bénéficiant, bien sûr, des avantages fiscaux attachés aux contrats Assur.

Plus vous commencerez tôt, plus votre retraite sera confortable.

Combien toucherai-je lorsque je prendrai ma retraite?

Une des questions essentielles auxquelles répondront les conseillers de l'UAP Vie lors d'un bilan retraite, gracieusement, sans engagement de votre part.

Remplissez le bon ci-contre et renvoyez-le à : Service Information Assur-Retraite -Tour Assur - 5° F - Cedex 14 - 92083 Paris La Défense.

Assur retraite : défendez   votre train de vie.

(Servez en majuscules)
Nom
Prénom
Adresse
Code postal
Profession   Tél. (Eventuel)
Situation de famille   Age   Enfant

Document : U.A.P.

Pour protéger la forêt

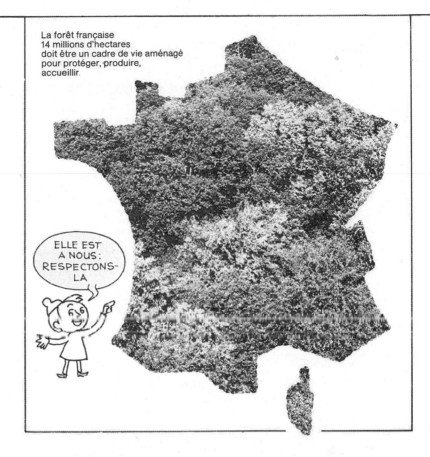

La forêt française
14 millions d'hectares
doit être un cadre de vie aménagé
pour protéger, produire,
accueillir.

ELLE EST A NOUS : RESPECTONS-LA

ILS M'ONT TOUS DIT :

NOUS SOMMES TOUS MENACÉS PAR LE FEU !

ATTENTION : N'allume jamais un feu en Forêt. Ne fume pas, ne jette ni allumette ni mégot mal éteint. Ne laisse jamais un feu sans surveillance. Avant de partir, éteins-le complètement. Avant d'allumer du feu, débroussaille sur une large étendue : UNE SECONDE SUFFIT POUR METTRE LE FEU, IL FAUT 100 ANS POUR FAIRE REVIVRE UNE FORÊT.

Document : Office national des Forêts.

Conseils pour mieux vivre

De quels conseils avez-vous le plus besoin ?

Révolutionnez votre vie... simplement en apprenant à respirer

Vous croyez que vous savez le faire : ce n'est pas vrai ! Votre digestion, votre sang, vos tissus, votre foie, votre cerveau même... manquent tout simplement d'air ! Quand vous connaîtrez les principes — et les recettes, certaines fort anciennes — de la respiration parfaite, vous serez surpris du mieux ressenti dans beaucoup de fonctions qui, apparemment n'ont aucun rapport avec l'art de respirer... et cependant, savez-vous que la constipation, l'insomnie, et même la sensation de froid se combattent par... la respiration ?

Renforcez votre mémoire, votre volonté, vos perceptions, avec les « techniques d'éveil » !

Perception, imagination, timidité, volonté, mémoire, équilibre affectif ; ici, pas de recettes miracles, pas non plus de méthode magique : et pourtant !... Des praticiens renommés vous permettent, par des exercices simples, extraits de la célèbre méthode du Dr Vittoz de « faire passer sous votre contrôle » des organes qui, d'habitude, fonctionnent sans que vous y pensiez... et si mal ! L'Encyclopédie pour Mieux Vivre vous apprend à mieux voir, à mieux entendre, à mieux penser, à aviver votre imagination, votre faculté de création, votre mémoire !

Libérez votre corps !... grâce aux exercices simples, faciles à suivre tout seul...

Avec elles, votre corps restera plus longtemps délié, jeune, souple, « bien dans sa peau » : vous ferez connaissance avec les fameuses gymnastiques « douces », les massages à vous faire vous-même, l'art de « traiter »... (et parfois de sauver) votre colonne vertébrale, cette mal-aimée du monde moderne... à qui nous imposons la station assise prolongée, et le supplice de l'automobile, etc., et qui se venge parfois cruellement !...

Vivre détendu ! Partout, 24 h sur 24 apprenez à vous relaxer !

C'est vraiment, aujourd'hui, le plus indispensable ! La vie professionnelle, familiale, sociale est très souvent le contraire de la relaxation. L'Encyclopédie pour Mieux Vivre ne se contente pas, sur ce sujet, d'idées générales ou de redites, ou de reportages plus ou moins sensationnels : les principales méthodes de relaxation (Schultz, Jacobson, sophrologie, biofeedback) vous y sont expliquées en détail, avec des exercices. Pour vous permettre de vivre détendu 24 h sur 24 !

Explorez les méthodes de santé naturelles... appliquez-les, vous serez surpris !

Appliquez-les pour vous maintenir en bonne santé. Appliquez-les, lorsque vous êtes souffrant, pour vous soigner ; on y revient de plus en plus ; et on a raison ! Des plantes à l'aromathérapie, des tisanes aux algues, des cures d'eau froide au hammam, de l'héliothérapie à l'argile, des remèdes de votre arrière-grand-mère aux secrets de bergers hindous, c'est un monde passionnant et parfois méconnu de vous que vous découvrirez, avant d'en profiter !

Apprenez à vous « posséder vous-même » avec les techniques d'Orient et d'Occident !

Sans vie intérieure féconde (lecture, méditation, réflexion), pas de vie réussie ! Ici aussi, des techniques existent. Elles sont même très vieilles. Certaines sont occidentales et on les avait oubliées, dans le bruit de la vie moderne. D'autres viennent d'Orient, et elles sont le fruit d'une sagesse millénaire. Avec L'Encyclopédie pour Mieux Vivre vous pourrez les suivre, et en faire profiter votre corps et votre esprit.

Mincissez ! Perdez le poids superflu Cessez de vous intoxiquer !

Nourrissez vos tissus !... Bref, apprenez à manger ! Apprenez à découvrir les produits sains, équilibrez vos repas en fonction de votre nature et de la vie que vous menez.

Apprenez les méfaits du régime trop carné (que nous avons presque tous), les vertus du blé, des levures, ce qu'il faut penser du lait, des fruits... ce qu'il faut boire, entamer avec une vraie « méthode » quelque chose de révolutionnaire, le « demi-jeûne » régulier...

L'Encyclopédie pour Mieux Vivre vous fournit un tableau technique « calories-vitamines-poids »... et même des menus que vous n'avez qu'à suivre !

Qui dort bien, vit mieux ! Améliorez votre sommeil !

Êtes-vous de ceux, de plus en plus nombreux, qui trouvent le sommeil difficilement ? De ceux qui « aident » leur sommeil à coups de pilules ?

Quel que soit votre cas, vous ferez connaissance, dans L'Encyclopédie pour Mieux Vivre avec les techniques d'endormissement. Vous apprendrez aussi à protéger votre sommeil du bruit, des soucis au milieu desquels vous vous endormez parfois, à en augmenter la qualité... et donc la qualité de votre vie éveillée.

Vous ferez également connaissance avec la façon de contrôler vos rêves, de les noter, d'en apprendre la signification.

Sachez tout sur la marche, le vélo, les jeux de plein air !

Des millions d'Européens et d'Américains ont trouvé le goût de l'effort physique mesuré. Cela ne se pratique pas n'importe comment : L'Encyclopédie pour Mieux Vivre vous donne les trucs, les moyens, les méthodes, pour le faire !

Document : L'Encyclopédie pour mieux vivre.

pratique de la langue

Savoir exposer un problème et formuler la solution

LE PROBLÈME...
« COMMENT FAIRE POUR... ? »

J'ai un problème...   *qu'est-ce qu'il faut faire pour...*

Il y a un problème...   *que faut-il faire pour...*
qu'est-ce que je dois faire pour...
comment faire pour...
que faire pour...
comment (avoir bonne mine)

et la solution du problème...

« Pour obtenir tel résultat, il faut utiliser tel moyen »

RÉSULTAT (Pour obtenir)		MOYEN (Il faut faire)	
Pour	+ infinitif	Il faut	+ infinitif
Afin de	-	Il ne faut pas	-
Si on veut	-	On doit	-
Quand on veut	-	Vous devez	-
Si vous voulez	-	Il est nécessaire de	-
		Il est indispensable de	-
		Il est préférable de	-
		Il est important de	-
		Il suffit de	-
		Il ne suffit pas de	-
		Il ne faut pas compter sur	+ substantif
		On + indicatif	
On obtient...		avec	
Il est possible de...		sans	
(Situation de dialogue)			
Si vous voulez...		Il vaut mieux...	
Si tu veux...		Il vaudrait mieux...	
		Vous avez intérêt à...	
		Vous devriez...	
		Vous n'avez pas intérêt à...	
		Tu n'as qu'à (t'as qu'à)	
		Il n'y a qu'à (y a qu'à)	
		Ce n'est pas la peine, il n'y a qu'à	

On utilise le **subjonctif** après **il faut que ...** etc.

- **Il faut que** tu prennes / vous preniez   *prendre*
- **Il ne faut pas** que tu ailles / vous alliez   *aller*
- **Il est nécessaire que** tu viennes / vous veniez   *venir*
- **Il est préférable que** tu viennes / vous veniez
- **Il est indispensable que** tu viennes / vous veniez
- **Il vaudrait mieux que** tu fasses / vous fassiez   *faire*
- **Il suffit que** tu mettes / vous mettiez   *mettre*
- **Si tu veux qu'**elle soit sage   *être*
- **Si vous voulez qu'**il ait le temps   *avoir*

EXERCICE 1

■ **Faites une phrase complète en choisissant des formules du tableau adaptées à une situation de communication que vous imaginez (« qui parle à qui ? »)**

Les **RÉSULTATS**
qu'on veut obtenir

- ne pas déplaire au patron
- se débarrasser de maux de tête
- ne pas payer ses contraventions
- ne rien casser
- ne pas oublier quelque chose
- être en bonne santé
- rester mince
- réussir dans la vie
- rester ami avec quelqu'un
- avoir bonne mine
- être à l'heure à un rendez-vous
- être belle
- se faire de l'argent de poche

Les MOYENS
qu'on utilise :

- s'habiller de manière sobre
- prendre de l'aspirine
- avoir des relations
- ne rien faire
- faire un nœud à son mouchoir
- ne pas fumer, ne pas boire d'alcool
- ne pas boire en mangeant
- ne compter sur personne
- ne pas lui emprunter de l'argent
- faire de l'exercice
- partir à temps
- souffrir
- jouer de la guitare dans le métro

■ **Quel est le meilleur moyen pour obtenir les résultats suivants :**

- être pardonné
- plaire aux hommes
- plaire aux femmes
- plaire au professeur
- réussir dans la vie
- s'excuser d'être en retard
- avoir confiance en soi
- gagner beaucoup d'argent sans se fatiguer
- ne pas rater une mayonnaise
- voyager à tarif réduit
- faire pousser les plantes d'appartement
- avoir une retraite assurée

EXERCICE 2

Proverbes et dictons

■ **Paraphraser les proverbes suivants qui constituent des conseils :**

1. « Pierre qui roule n'amasse pas mousse »
2. « Qui va à la chasse perd sa place »
3. « Aide-toi, le ciel t'aidera »
4. « Qui veut la fin veut les moyens »
5. « Il n'est jamais trop tard pour bien faire »
6. « Rien ne sert de courir, il faut partir à point (temps) »
7. « Qui veut voyager loin ménage sa monture »
8. « Un bon « tiens » vaut mieux que deux « tu l'auras » »
9. « Qui rit vendredi, dimanche pleurera »
10. « La fortune sourit aux audacieux »
11. « La nuit porte conseil »
12. « Qui dort dîne »
13. « Il faut se méfier de l'eau qui dort »
14. « Il ne faut pas courir deux lièvres à la fois »
15. « Il ne faut pas mettre tous ses œufs dans le même panier ».

■ **Ces proverbes ont-ils un équivalent dans votre culture ? Lesquels ?**
A quel personnage connu, ou à quel personnage de votre entourage donneriez-vous des conseils à l'aide de ces proverbes ?

EXERCICE 3

■ **Formulez des conseils à l'aide des prédicats suivants en utilisant le subjonctif.**

▶ **EXEMPLE :**

- **Se débarrasser des maux de tête / prendre de l'aspirine.**
- **Si vous voulez vous débarrasser des maux de tête, il faut que vous preniez de l'aspirine.**
- Ne pas oublier quelque chose / faire un nœud à son mouchoir.
- Être en bonne santé / ne pas fumer, ne pas boire d'alcool.
- Avoir bonne mine / faire de l'exercice.
- Être à l'heure / partir à temps.
- Avoir une place / être là une demi-heure à l'avance.
- Être détendu / faire du yoga.

Analyser les registres de langues

Il s'agit de déterminer quelle relation existe entre les interlocuteurs : ce sont des étrangers (registre neutre ou très poli) ce sont des amis, intimes ou non (registre neutre ou familier).

EXERCICE 1

- **Relevez dans les dialogues les formulations de la demande (service ou ordre), de la réponse à cette demande (acceptation ou refus) et de la suggestion.**
- **Classez ensuite les différentes formulations selon qu'elles vous paraissent familières, neutres ou très polies.**

EXERCICE 2

- **Trouvez la formulation de la demande.**

1. Mais avec plaisir, je serai en Italie à ce moment-là. Je laisserai les clés chez la concierge. Elle vous montrera tout.

2. Ne vous affolez pas. Je vais vous la faire. Donnez-moi la feuille d'impôts et la déclaration de revenus donnée par votre employeur.

3. Mais bien sûr, tenez, le voilà.

4. Sûrement pas ! J'ai eu assez de mal à le trouver !

5. Ah non ! Tu me casses les pieds. J'ai eu assez de mal à le trouver.

6. Non, vraiment. Je n'ai pas le temps. Je suis désolé mon vieux. Une autre fois, mais pas en ce moment.

7. Je trouve que vous exagérez, c'est la troisième fois en un an.

8. Mais, non, ça ne me dérange pas, je serais ravie.

9. Y'en a marre, ras-le-bol pour aujourd'hui.

10. Non, je n'ai pas très envie aujourd'hui. J'ai envie de prendre l'air.

11. C'est que... en ce moment je suis très occupée.

12. Ah ça non, ça ne me dit rien, mais alors rien du tout.

13. Quelle bonne idée ! On pourrait même déjeuner là-bas, je fais les sandwichs.

14. Oui oui, ça me plairait tout à fait. J'avais justement envie de vous proposer la même chose.

15. Bof, tu sais, moi, la peinture, c'est comme les livres, je ne suis ni un intellectuel, ni un artiste.

EXERCICE 3

- **Trouvez la réponse à une suggestion.**

1. On prend un petit verre ? ou un café ?

2. Je vous propose qu'on s'arrête. On reprendrait dans un quart d'heure.

3. Je suis d'avis que nous fassions une pause. Nous pourrions reprendre à deux heures et demie.

4. Dites donc, on étouffe ici, on ne pourrait pas ouvrir la fenêtre ?

5. Si on allait à la Coupole ? C'est cher mais c'est très bien.

6. On va prendre un pot, on a assez travaillé.

EXERCICE 4

- **Trouvez la réponse à une demande.**

Voici une série de demandes. Pour chacune d'elles, proposez une acceptation et un refus.

1. Vous pouvez me prêter votre peigne, s'il vous plaît ?

2. Prête-moi cinq cents francs, tu seras gentille.

3. Tu pourrais me recoudre un bouton ?

4. Je suis à la gare. Pourriez-vous venir me chercher ?

5. Tu me conduis à la plage ?

6. Ça ne vous dérangerait pas de me porter ma valise jusqu'à la consigne ?

7. Voudriez-vous garder ces valises un instant, s'il vous plaît.

EXERCICE 5

- **Changez de registre.**

Passez du registre familier au registre neutre ou très poli.

1. Comment faire pour trouver du boulot ?
   - « Y'a qu'à » lire les petites annonces.

2. J'ai eu le cafard pendant tout le week-end.
   - « T'avais » qu'à venir nous voir.

3. Comment « j'vais » faire avec ces valises quand « j'serai » à la gare ?
   - « T'auras » qu'à nous téléphoner.

4. Qu'est-ce que je vais bien pouvoir faire pour payer mon loyer ?
   - « T'as qu'à » te débrouiller.

5. J'en ai marre, j'arrive pas à repasser ton truc.
   - Laisse tomber, et arrête de râler.

6. « Ras-le-bol » les mômes ! Arrêtez cette télé.
   - Ah zut ! « On peut » jamais rien faire.

LE NOUVEL **obseRvateuR**

Cher lecteur,

Ne suivez pas le chef !

Si nous tenons tant à vous contacter pour vous proposer une formule d'abonnement aussi intéressante, c'est parce que nous pensons que votre esprit indépendant, critique, votre personnalité doivent vous inciter certainement à lire le Nouvel Observateur - de préférence à d'autres hebdomadaires plus "standardisés", plus "neutralisés". En effet, si vous souhaitez n'appartenir à aucun troupeau, n'accepter aucun dogme, aucune doctrine, ne suivre aucun chef ou meneur aveuglément, le Nouvel Observateur a de bonnes chances de vous plaire.

Soyez exigeants !

En quelques semaines - si, bien sûr, vous acceptez de répondre aujourd'hui à notre offre de réduction - vous vous rendrez compte que le Nouvel Observateur est aussi exigeant que vous l'êtes vous-même.

Ne soyez pas dupes !

Soyez dans le vent ! Sachez vous émerveiller et vous indigner !

Avec vous, nous chercherons toujours ce qui se cache derrière les informations fracassantes, ce qui se passe dans les coulisses. Nous ne serons pas dupes de vieux comédiens et de leurs grimaces, pas plus que nous n'accorderons notre confiance aux faiseurs de mots ou diseurs de bonne aventure. Avec vous, nous partirons chaque semaine, à la découverte de personnages qui ne sont pas forcément des "personnalités", d'idées à "creuser", de dossiers inédits, de nouveaux talents, de rencontres originales, inhabituelles. Nous vous ferons partager tout ce qui nous a fascinés, indignés, révoltés, éblouis, ravis, exaspérés.

Ayez l'esprit critique !

Le Nouvel Observateur vous permet de garder l'esprit critique, le goût de la nouveauté, du changement que vous avez maintenant mais que vous risqueriez de perdre. Le Nouvel Observateur vous apporte, chaque semaine, un air jeune, vivifiant, stimulant qui renouvelle vos réserves d'énergie, d'enthousiasme, d'indépendance. Et puis, vous connaissez notre goût pour tout ce qui vibre, ce qui change, ce qui est drôle, intelligent, insolent, alors faites-nous confiance dans le choix des spectacles, des concerts, des films, des livres que nous vous recommandons.

Soyez-anti-conformistes !

Refusez le confort intellectuel !

Vous souhaitez certainement faire un bout de chemin avec nous, hors des sentiers battus de l'information, hors des idées toutes faites du "prêt-à-penser" ! ...

et n'ayez pas peur de l'engagement !

Aujourd'hui, vous pouvez lire le Nouvel Observateur à des conditions exceptionnelles grâce à notre offre d'abonnement. Nous sommes à peu près sûrs que vous ne regretterez pas d'avoir choisi un journal original, courageux, engagé, qui chaque semaine, vous donnera envie de réfléchir, de poser des questions, de chercher des réponses, de refuser une information confortable mais déformée, pour regarder la réalité en face.

A très bientôt, nous espérons ...

Gérard Valmer

Gérard Valmer

148

L'art de convaincre...

... à travers une lettre de proposition d'abonnement

LECTURE

■ A qui s'adresse la lettre : pouvez-vous dégager l'image du lecteur-type de cet hebdomadaire ?

Faites une hypothèse sur sa profession, sa catégorie sociale, son âge, ses goûts...

Les arguments qui sont présentés pour convaincre.

Voici quelques arguments, recherchez leur formulation dans le texte :

- On oppose l'hebdomadaire aux autres pour en dégager les qualités.

- On fait appel à l'esprit d'indépendance du lecteur.

- On propose un abonnement à tarif réduit.

- Les promesses : on promet d'éviter les pièges de la mode et de la presse à sensation. On promet d'être exigeant vis-à-vis de l'information. On promet de fournir des sujets de réflexion.

- On fait appel à la sensibilité du lecteur, à sa curiosité d'esprit et à son besoin de renouvellement intellectuel.

LEXIQUE

■ Pouvez-vous paraphraser les expressions métaphoriques suivantes :

- faire un bout de chemin avec

- n'appartenir à aucun troupeau

- sortir des sentiers battus

- des idées à creuser

- ce qui se passe dans les coulisses

- ce qui se cache derrière les informations fracassantes

- des faiseurs de mots

- des diseurs de bonne aventure.

Remarquez le néologisme « prêt-à-penser », fabriqué à partir de « prêt-à-porter » qui désigne les vêtements fabriqués en série.

A PARTIR DES MOTS-CLÉS

■ Relevez le vocabulaire et les expressions qui ont trait aux idées fondamentales suivantes (synonymes et antonymes) :

- esprit curieux

- esprit indépendant

- esprit exigeant

- dynamisme et enthousiasme

Classez par ordre d'importance les qualités ci-dessus.

UN PORTRAIT ROBOT

● Choisissez deux ou trois journaux d'opinion de votre pays. Caractérisez leurs lecteurs et faites un portrait robot du lecteur type des journaux que vous avez choisis.

UN ARTICLE POUR CONVAINCRE

● Vous avez été émerveillé par une exposition, un spectacle, un roman, un film que vous avez vus ou lus. Vous écrivez un court article pour convaincre un certain public d'aller le voir (ou le lire). Faites d'abord rapidement le portrait du lecteur type du journal dans lequel vous écrivez. Vous pouvez vous inspirer d'un journal existant, marqué socio-politiquement (*Le Figaro* ou *L'Humanité* par exemple).

● Exposez d'abord les sentiments et impressions que vous avez eus devant le spectacle ou à la lecture du roman.

● Adressez-vous au lecteur et exposez-lui les arguments en faisant appel à ses traits caractéristiques fondamentaux.

Trouver la bonne tactique

■ Inventez une série de répliques nécessaires pour arriver à demander les services suivants (après avoir imaginé les relations qui existent entre les locuteurs) :

- repeindre un appartement pendant le week-end.

- remplir une feuille d'impôts ou un curriculum vitae.

- aider à préparer un réveillon (soirée du 31 décembre).

- relire un article de journal.

- coller des affiches pendant une campagne électorale.

- marchander le prix d'un objet.

un peu
de grammaire

Apprenez

TROP POUR

- Tu es trop petit pour boire du thé.
- Il est trop tard pour prendre le métro.
- Il n'est jamais trop tard pour bien faire.

Quel(le) que soit...

- Quel que soit votre cas, vous obtiendrez un résultat.
- Quelle que soit votre situation, vous pouvez l'améliorer.
- Quelle que soit son attitude, je ne changerai pas d'avis.

Une formulation familière au subjonctif :

« Donne, que... » (Que = pour que)

- Donne, que je t'enlève le papier (cf. « J'élève mon enfant »).
- Donne-moi ton bulletin, que je le voie.
- Apporte-moi ton pantalon, que je recouse ce bouton.
- Dépêche-toi, qu'on puisse partir.
- Laisse-moi tranquille, que je finisse mon boulot.

Observez

Ni... ni...

- Je n'aime ni le théâtre ni l'opéra.
- J'ai mal aux yeux, je ne peux ni lire ni écrire.
- Vous prenez du thé ou du café ? — Ni l'un ni l'autre.

Ne... personne

- Il ne faut compter sur personne.
- Je n'ai besoin de personne.
- Je n'ai vu personne.
- Personne ne m'aime.
- Personne n'est venu.

Ne... rien

- Il ne faut rien dire.
- Je n'ai besoin de rien.
- Je ne regrette rien.
- Je n'ai rien vu.
- Rien ne m'intéresse.
- Rien n'a bougé.

APPRENEZ PAR CŒUR

- Personne ne m'a rien dit.
- Personne n'a rien vu ni entendu.
- Il n'y a rien à faire, on ne peut pas ouvrir cette porte.

Savez-vous rassurer quelqu'un :

- Ne vous inquiétez pas.
- Ne vous en faites pas.

Savez-vous excuser quelqu'un :

- Oublions tout cela.
- N'en parlons plus.
- Ce n'est pas de votre faute.
- N'y pensons plus.
- Ça ne fait rien.

Savez-vous négocier un délai :

1. Il me faut votre réponse *dans les 24 heures.*

   Vous devez donner une réponse *avant lundi.*

   Il faut que j'aie votre accord *d'ici la fin de la semaine.*

   Si on ne se décide pas *tout de suite... il sera trop tard.*

2. Il ne serait pas possible de repousser ce délai ?

   Vous ne pourriez pas attendre encore quelques jours ?

   Tu peux bien attendre encore quelques jours ?

   Attendons un peu, on verra bien.

150

*Pour faire le portrait
d'un oiseau*

Peindre d'abord une cage
  avec une porte ouverte
  peindre ensuite
  quelque chose de joli
  quelque chose de simple
  quelque chose de beau
  quelque chose d'utile
  pour l'oiseau
  placer ensuite la toile contre un arbre
  dans un jardin
  dans un bois
  ou dans une forêt
  se cacher derrière l'arbre
  sans rien dire
  sans bouger...
  Parfois l'oiseau arrive vite
  mais il peut aussi bien mettre de longues années
  avant de se décider
  Ne pas se décourager
  attendre
  attendre s'il le faut pendant des années
  la vitesse ou la lenteur de l'arrivée de l'oiseau
  n'ayant aucun rapport
  avec la réussite du tableau
  Quand l'oiseau arrive
  s'il arrive
  observer le plus profond silence
  attendre que l'oiseau entre dans la cage
  et quand il est entré
  fermer doucement la porte avec le pinceau
  puis
  effacer un à un tous les barreaux
  en ayant soin de ne toucher aucune des plumes de l'oiseau
  Faire ensuite le portrait de l'arbre
  en choisissant la plus belle de ses branches
  pour l'oiseau
  peindre aussi le vert feuillage et la fraîcheur du vent
  la poussière du soleil
  et le bruit des bêtes de l'herbe dans la chaleur de l'été
  et puis attendre que l'oiseau se décide à chanter

Picasso : *Colombe bleue* (1961).

Si l'oiseau ne chante pas
c'est mauvais signe
signe que le tableau est mauvais
mais s'il chante c'est bon signe
signe que vous pouvez signer
Alors vous arrachez tout doucement
une des plumes de l'oiseau
et vous écrivez votre nom
dans un coin du tableau.

Jacques PRÉVERT, *Paroles*.
coll. « Folio », Gallimard.

Et vous, que suggérez-vous pour...
- Faire un bouquet de fleurs ?
- Oublier l'hiver ou la pluie ?
- Faire le portrait du Prince charmant
  ou de la Belle de vos rêves ?
- Faire un poème ?
- Faire une toile qui sera remarquée ?
- Faire le portrait du bonheur ?

Pour parler d'espoir

Ecoutez-moi, les Gavroches

Pour toutes les fleurs du béton,
pour tous les gamins de Paris,
j'ai composé cette chanson
pour éclairer leurs sombres nuits.
Pour ceux qui vivent sur le bitume,
qui n'ont jamais vu le gazon,
qui ne connaissent que la brume,
qui n'ont qu'un ciel gris pour plafond.

Ecoutez-moi, les gavroches,
vous, les enfants de la ville,
non, Paris n'est pas si moche,
ne pensez plus à l'an 2000.

Ouvrez vos yeux pleins d'innocence
sur un Paris qui vit encore
et qui fera de votre enfance
le plus merveilleux des décors.

Voyez plus loin que l'horizon
le temps n'a pas tout démoli,
les rues sont pleines de chansons,
les murs ne sont pas toujours gris.

Ecoutez-moi, les gavroches,
vous, les enfants de ma ville,
non, Paris n'est pas si moche
ne pensez plus à l'an 2000.

Traînez vos vies dans les ruelles,
dans les vieux bistrots, dans les cours,
et sur les pavés éternels
qui n'ont pas quitté les faubourgs.

Écoutez-moi, les Gavroches, chanson de Renaud.

L'inconciliabule

Le train 2110 arrivant de Strasbourg entre en gare au quai 6, direction Luxembourg, trois wagons réservés, deux minutes d'arrêt.

Veuillez vous éloigner de la bordure du quai.

Le train 2110 arrivant de Strasbourg entre en gare au quai 6, direction Luxembourg, correspondance pour Reims au quai numéro un, départ dix-neuf heures vingt, changement à Verdun, grill exprès et café, voiture en queue du train et veuillez emprunter le passage souterrain.

Correspondance pour Reims au quai numéro un, départ dix-neuf heures vingt, changement à Verdun.

Le train 2110 arrivant de Strasbourg entre en gare au quai 6, direction Luxembourg, trois wagons réservés, deux minutes d'arrêt.

Veuillez vous éloigner de la bordure du quai ... (5 fois).

Paroles et Musique de Areski BELKACEM
et Brigitte FONTAINE : *L'Inconciliabule.*

L'art de la table et la gastronomie
ou comment recevoir

Souffle fort Mamie !

Dis Maman, on commence sans Papa ?

Comment découper les fromages

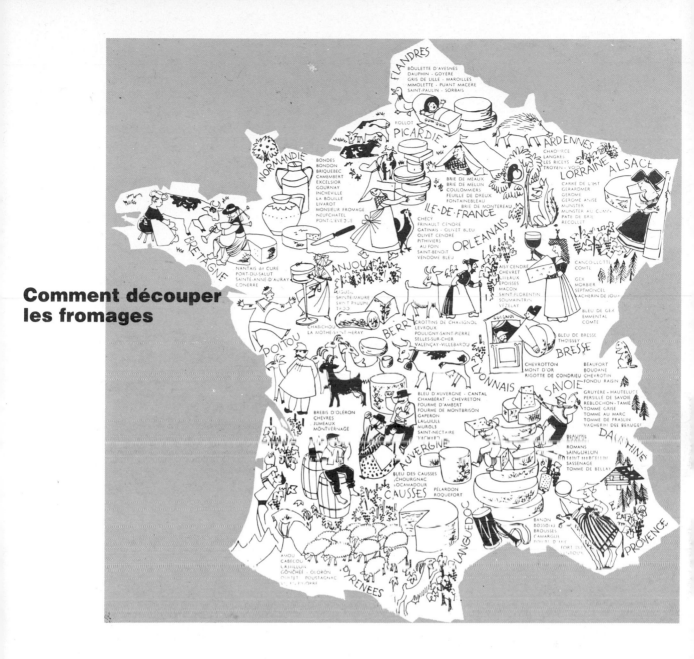

aque fromage, sa découpe; une découpe qui ne doit pas laisser la
te au suivant et qui doit faciliter la conservation ultérieure.

s découperez:

mme un gâteau:
romages ronds
arrés à pâte molle.

deux:
etits fromages
hèvre.

pointe:
ortions de Brie.

● en portions:
les fromages pyramidaux
ou coniques.

● en lamelles fines:
les parts de Fourme
qui se présentent
sous forme de disques.

● en biseau:
les portions de Bleu.

Quant aux fromages de grand format,
dont vous n'avez qu'une portion, vous les couperez de manière
à répartir également la croûte entre les diverses parts.

155

La gamme des vins doit toujours se jouer « crescendo » du plus léger au plus corsé Offrez

Le vin sec avant le doux.
Le vin blanc sec avant le rouge.
Le vin rouge avant le blanc liquoreux.
Les vins jeunes avant les vieux.
Pas de vin, mais de l'eau, avec les plats vinaigrés, la salade, les oranges, les entremets chocolatés.
La bouteille que l'on boit ne doit pas faire regretter celle que l'on vient de boire.

Avec les poissons, huîtres, coquillages, crustacés
Vins blancs secs, mousseux blancs légers, Champagne brut.

Avec les entrées et hors-d'œuvre
Vins blancs secs ou demi-secs, vins rosés.

Avec les viandes blanches (veau, agneau, porc) et les volailles
Vins rouges bouquetés, légers et peu corsés.

Avec les viandes rouges (mouton, bœuf)
Grands vins rouges corsés, généreux et puissants.

Avec le gibier
Comme précédemment, mais réserver les vins délicats et élégants pour le gibier à plume et les vins corsés pour le gibier à poil.

Avec le foie gras
En hors-d'œuvre : un vin blanc sec puissant et nerveux ; en fin de repas : un grand vin rouge ou un vin blanc très liquoreux.

Avec les fromages
Frais, pâtes fondues : vins blancs et rosés doux, rouges légers.
Chèvres : vins rosés ou blancs secs, rouges friands et fruités.
A pâte molle (croûte fleurie ou lavée), (Brie, Camenbert, Pont-l'Évêque) : vins rouges de grande sève assez corsés.
A pâte persillée (Bleus, Roquefort) : vins rouges puissants, charpentés, ou vins blancs moëlleux et liquoreux.
A pâte sèche, cuite ou pressée (Gruyère, Port-Salut) : vins blancs secs ou mousseux ou vins rouges et rosés délicats et tendres.

Avec les desserts sucrés
Mousseux, Champagne demi-sec, vins liquoreux, vins doux naturels.

Avec les fruits
Vins blancs liquoreux, Champagne demi-sec, vins doux naturels.
Le Champagne peut à lui seul accompagner tout un repas, mais les meilleures réussites gastronomiques font appel à la gamme variée des vins de France.

Après le café
Les eaux-de-vie de Cognac et d'Armagnac, les eaux-de-vie de fruits, les grandes liqueurs de France.

L'art de la parole
ou comment engager la conversation avec un ou une inconnue

Conseils
aux femmes draguées

Solutions pour les draguées : la sourde oreille ou l'hystérie, selon l'humeur ou l'énergie du moment.

Assise sur un banc, dans un jardin par exemple, on le sent qui s'approche. Baisser les yeux. Il s'arrête à trois mètres, il regarde. Ne pas le regarder. Garder la tête tournée vers le grand-père qui passe l'œil fixe, le regard intérieur. Ça y est, hélas, il s'assied sur le banc. *Le Monde* est de plus en plus passionnant. Dans la rue, il arrive de loin, toutes voiles dehors. S'intéresser aux vitrines, jeter un œil blasé à droite, à gauche, tout en marchant. Surtout ne pas rencontrer ses yeux, pour qu'il ne puisse pas dire : « *C'est vous que j'attendais, quelle chance de vous avoir trouvée.* » Ne jamais s'attarder le nez en l'air sur un passant, comme ça, par paresse, par amusement ou par lassitude. Tracer droit devant soi, les yeux toujours fuyants.

L'autre solution, l'hystérie, est fatigante pour les nerfs. Le premier dragueur du matin, c'est réjouissant de l'envoyer paître mais le dernier de la nuit, quel ennui ! Alors, j'ai trouvé une parade, qui vaut ce qu'elle vaut mais qui a l'avantage de déconcerter le chasseur.

L'anti-drague

« *La drague aujourd'hui, c'est l'antidrague* », disent les copains. L'antidrague, c'est le silence. Ne rien dire, ne rien faire ; à la fille de... « *Oui mais, en même temps, si une fille me tombe dessus, aussi sec, ça me coupe toute envie.* » Et si la fille ne dit rien, ne fait rien : rien ne se passe. C'est comme ça, en ce moment. Nous vivons une époque de transition. Rien ne se passe. L'antidrague, c'est aussi, pour d'autres, le théâtre dans le théâtre : ils jouent le jeu de la drague jusqu'à l'absurde, ils jouent le phallo jusqu'à s'emmêler les pinceaux entre désir et cynisme. « *Vous habitez chez vos parents ?* », c'est drôle au second degré, quand la fille saisit, quand elle aussi ne vit plus qu'au second degré, ça peut créer une complicité rieuse ; mais être obligé d'en passer encore par ces mots-là, en 1978, en être réduit à jongler avec la banalité...

Les dragueurs

Au Luxembourg. Je lis, assise sur une chaise isolée — moins risqué que le banc. Il fonce droit sur moi.

« *Dites, ça fait longtemps qu'il fait beau comme ça à Paris ?*
Moi. — *Vous pouvez me laisser tranquille, s'il vous plaît ?*
Lui. — *Faut le dire tout de suite ! J'ai pas de salive à gaspiller, moi !* »

En s'éloignant, il s'exclame bien haut : « *Ah, j'ai pas la cote avec les boudins, à Paris.* »

Le lendemain, même endroit. Je suis en train d'écrire une lettre. En voilà un, déjà. Marrant : c'est le même que la veille. Il ne m'a pas reconnue.

Lui : « *Excusez-moi, vous parlez français ?*
Moi (excédée). — *Je suis en train d'écrire une lettre.*
Lui. — *Oui, mais on pourrait parler un peu.*
Moi. — *Non, je vous ai déjà vu hier et je vous ai déjà dit non.*
Lui (bras au ciel). — *A Paris, c'est tous des boudins. A Rome, au moins, on peut rencontrer des filles bien. J'en ai assez des boudins de Paris.*
Moi. — *Les boudins vous emmerdent.* »

J'en ai ma claque. Je remballe. Je sors du Luxembourg. Un rigolo sud-américain bondit :

« *Ah, enfin ! Je t'ai trouvée ! Ça fait des années que je te cherchais ! Tu viens boire un pot ? C'est pas possible, une fille aussi formidable que toi, toute seule le dimanche !*
Moi (toutes dents dehors). — *Laissez-moi tranquille.*
Lui (refroidi). — *Comment ! Je te fais pas de mal, je bavarde juste...*
— Oui, mais tu m'emmerdes.
— Oh, là là, qu'est-ce qui leur prend aujourd'hui...* »

Je vais m'asseoir à une terrasse. On s'assied à côté de moi.

« *Vous voulez une gauloise ? [...] Vous fumez pas, c'est bien, ça... Qu'est-ce que vous pensez de la situation.*
— *Et vous, qu'est-ce que vous en pensez ?*
— *Moi ? Je sais pas. Je pense pas. Je préfère ne pas penser... Je crois qu'ils vont en sortir des choses, à Rambouillet, ce week-end...*
— *Qui ça ?*
— *Notre président. Votre président. Vous m'avez toujours pas dit ce que vous pensez de la situation.*
— *J'ai pas envie de parler.*
— *Ah, dites donc !* (Il se lève, il approche sa main.) *Vous avez des miettes de gâteau sur les lèvres. Vous voyez, je suis gentil quand même...* »

Dix minutes après, je continue ma lettre. Un autre.
Vous avez l'heure ?
— *Oui. Il est une heure vingt.*
— *Je peux vous dire quelque chose ?*
— *Non.*
— *Vous avez pas envie de discuter ?*
— ...
— *Tiens, vous avez la même écriture que ma sœur !*
— ...
— *Ça prouve que vous avez le même caractère.* »
J'ai interrompu ma lettre.

« *Vous savez, parfois, de discuter, ça donne l'inspiration.*
— ...
— *Vous connaissez le tableau de Nicolas Poussin, « L'Inspiration du poète » ?*
— ...
— *C'est les peintures les plus chères après Léonard de Vinci.*
— ...
— *Vous devez souvent être importunée du fait que vous êtes pas mal.*
— ...
— *Vous savez, moi, j'aimerais bien parler avec une fille... Y'a aussi une question d'opportunité. Les garçons, faut bien qu'ils parlent aux filles... La semaine, on travaille.* »
Il est plutôt pitoyable, celui-là. Je lui demande son boulot. Il est menuisier. Ragaillardi, il continue :

« *Vous connaissez le plateau Beaubourg ? [...] Qu'est-ce qu'on peut raconter comme conneries. La vie, c'est comme ça. Y'a une force qui vous pousse. On est bien obligé de l'ouvrir.* »
Je note et il s'en aperçoit enfin.

« *C'est marrant ce que vous faites. Si vous voulez, je peux noter ce que vous dites... Remarquez, vous dites pas grand-chose.*
Moi. — *Je vous demande sérieusement de me laisser tranquille.*
— *Vous voulez vraiment pas qu'on discute ? Ah, c'est pas marrant, une fille qui répond pas. Remarquez, peut-être que je vous emmerde. Après tout, vous m'avez rien demandé. Bon, je vais me barrer.* »

C'était un après-midi de l'été dernier. Je rentre chez moi, plutôt triste. Il me prend par le bras. C'est le dernier de la journée.

« *Bonjour.* »
Je me dégage.
« *On dit pas bonjour quand je dis bonjour ? Pourtant, t'es pas mal. On va faire un tour ?* »
J'accélère, il me précède :
« *Connasse ! Je t'avais pas vue de devant, sinon je t'aurais jamais causé. T'es vieille. Au-dessus de vingt ans, elles m'intéressent plus. J'avais pas vu ta gueule, tu parles.* »

Marie MULLER : « Carnet de Drague ». (extraits).
Article paru dans *Le Nouvel Observateur*, n° 709, du 12 juin 1978.

Et maintenant,
si vous voulez draguer...

Si vous voulez draguer un jeune homme voilà ce qu'il faut faire :

Première possibilité :

Vous êtes dans un jardin public, et c'est le meilleur endroit pour ça — vous repérez un jeune homme, seul de préférence. Vous n'avez qu'à vous asseoir à côté de lui et lui demander quelque chose de simple. L'heure ou du feu par exemple. Vous voyez comment il répond et vous attendez. S'il s'en va, n'insistez pas. S'il reste, vous pouvez lui demander s'il est étudiant et vous attendez un peu. Vous pouvez essayer de le faire rire.

Attention : il ne faut pas le tutoyer tout de suite.

Deuxième possibilité :

Si vous êtes dans une gare ou dans un aéroport, vous cherchez un jeune homme qui porte une valise lourde... Vous vous approchez de lui et vous lui demandez si vous pouvez l'aider à porter sa valise. S'il sourit, c'est gagné. Vous prenez la valise. Quand vous arrivez au bout du quai vous lui demandez s'il est pressé et s'il veut bien prendre un pot avec vous. S'il refuse vous lui dites que c'est seulement pour un quart d'heure. Il est obligé d'accepter ! Naturellement vous payez les consommations.

Attention : en sortant, il ne faut pas le prendre tout de suite par le bras.

Troisième possibilité :

Vous êtes au restaurant. Cette possibilité est intéressante. Si vous voyez un jeune homme seul, vous pouvez vous asseoir à sa table. Dans les petits restaurants pas chers, on ne laisse pas de places vides. Vous essayez d'engager la conversation. Vous lui demandez ce qu'il a pris et si c'est bon. Il est obligé de vous répondre. Naturellement, vers la fin du dîner, vous lui demandez s'il habite chez ses parents.

Attention : il ne faut pas le suivre s'il s'en va.

Conseils
aux hommes dragués

- Si elle s'assied à côté de vous dans un jardin public, il vous suffit de partir.
- Si elle vous suit, vous ne faites pas attention.
- Si elle vous parle, vous ne répondez pas.
- Si elle dit des choses drôles, vous ne riez pas.
- Si elle vous prend par le bras, vous n'avez qu'à vous dégager. Il peut être utile d'avoir appris le karaté.

Dessin de Sempé paru dans *Sauve qui peut*.
© Denoël et Sempé, 1964.

Comment communiquez-vous ?[1]

Quel est votre type de contact humain ?

Les cinq premières minutes d'une rencontre avec quelqu'un sont très importantes. C'est pourquoi nous vous engageons à vous interroger vous-même sur vos aptitudes natives au contact humain, sur votre comportement usuel avec les autres, sur vos habitudes de réactions intérieures ou d'attitudes apparentes. C'est un examen de conscience. Les questions qui suivent vont vous permettre d'établir quel a été jusqu'à présent votre style de contact humain.

Répondez le plus honnêtement possible aux questions, en cochant chaque fois la réponse avec laquelle vous vous sentez le plus en accord. Ne sautez pas de question. Si, éventuellement, cela vous paraît nécessaire dans quelques cas, vous pouvez cocher deux réponses. C'est le total qui sera significatif.

2

Quand un ami ou un proche vous demande votre avis sur un vêtement qu'il a acheté, une action qu'il a accomplie, etc., que faites-vous ?

☐ *a)* Je me dérobe. J'ai horreur de donner mon avis. D'ailleurs, de quel droit le donnerais-je ?

☐ *b)* Je dis toujours la vérité. Souvent les gens vous demandent votre avis, en espérant que vous allez leur mentir et les flatter. C'est idiot.

☐ *c)* Comment savoir où est la vérité ? Avant de me prononcer, j'essaie de pousser la conversation plus loin pour ne pas trop me tromper.

☐ *d)* Le mensonge facilite bien la vie... et cela ne fait de mal à personne ! J'essaie toujours de faire plaisir.

21

Quand vous avez commencé par dire non à quelqu'un et que celui-ci insiste et renouvelle sa demande, que faites-vous ?

☐ *a)* J'aime bien me faire prier : je commence souvent par dire non pour donner ensuite plus de prix à mon oui.

☐ *b)* Je me laisse toujours avoir, car je suis incapable de persister dans mon refus.

☐ *c)* Quand j'ai dit non, c'est non.

☐ *d)* Il est très rare que je commence par dire non. En général, j'attends un peu avant de donner ma réponse.

---

1. Extraits de l'ouvrage : *Des Tests pour mieux communiquer*, par F. Richaudeau, Y. Bourdoiseau, S. Peltant, Éd. Retz, 1981.

Les extraits qui figurent dans cette rubrique ne permettent pas l'évaluation. Ils sont destinés à analyser et confronter des comportements en travail de groupe.

25

Quand vous avez une demande à faire de vive voix à quelqu'un, comment vous y prenez-vous ?

☐ *a)* C'est une épreuve. Il m'arrive de devoir m'y reprendre à plusieurs fois.

☐ *b)* Je dis ce que j'ai à dire. Ce qui m'agace, c'est que souvent les gens mettent du temps avant de dire oui ou non.

☐ *c)* J'attends le « moment psychologique », le moment où ma demande tombe bien, pour autrui et pour moi.

☐ *d)* Je m'organise un peu d'avance, je « prépare mon coup » pour obtenir ce que je veux. Et cela marche en général !

26

Vous rencontrez un étranger qui ne sait pas un mot de français. Vous ne savez pas un mot de sa langue. Que se passe-t-il ?

☐ *a)* On peut se dire beaucoup de choses, en tout cas, les choses essentielles.

☐ *b)* Je suis sûr(e) qu'on peut mener une vraie conversation dans ces conditions : personnellement, cette difficulté me stimulerait.

☐ *c)* Rien. Que peut-il se passer ? C'est une situation absurde.

☐ *d)* J'essaie de trouver un moyen de communiquer, mais je ne crois pas que je puisse y arriver.

4

Vous êtes dans un train. Il y a d'autres voyageurs dans le compartiment. Que se passe-t-il au début du trajet ?

☐ *a)* Très souvent, quelqu'un se met à me raconter sa vie, ses ennuis, ses préoccupations.

☐ *b)* Je fais savoir le plut tôt possible aux autres mes desiderata en ce qui concerne la température, la fenêtre, etc.

☐ *c)* Je ne supporte pas un silence trop prolongé et je m'arrange pour engager la conversation au moins de temps en temps.

☐ *d)* Je me plonge aussitôt dans de la lecture, pour bien montrer que je ne veux pas être dérangé(e).

6

Vous rencontrez quelqu'un dont vous savez qu'il vient d'avoir un très grave ennui. Comment vous comportez-vous ?

☐ *a)* Cela dépend de l'attitude de la personne : si elle parle de ses ennuis, j'emboîte le pas ; sinon, c'est qu'elle n'en a pas envie et je ne dis rien.

☐ *b)* C'est dans le malheur qu'on reconnaît ses amis : j'essaie de me montrer utile, de rendre service, de distraire, etc.

☐ *c)* Je commence par lui témoigner du réconfort, mais je pense qu'il ne faut pas s'attarder sur les malheurs et je passe à d'autres sujets.

☐ *d)* Je ne sais pas du tout comment aborder le problème et je quitte cette personne rapidement pour ne pas la gêner.

12

Vous arrivez dans un groupe d'amis ou de collègues qui parlaient d'un sujet que vous ne connaissez pas et la conversation continue. Que faites-vous ?

- ☐ *a)* Je me débrouille pour qu'on s'occupe de moi, qu'on m'explique ce qui se passe, qu'on me « mette dans le coup ».
- ☐ *b)* Rien. Que pourrais-je faire ? J'attend que ça se passe.
- ☐ *c)* Je m'y intègre le plus rapidement possible, en douceur, même éventuellement sans rien dire.
- ☐ *d)* Je trouve que c'est extrêmement impoli et sans gêne et je le fais très nettement comprendre.

14

Une personne de votre connaissance arbore un vêtement que vous trouvez laid, ridicule trop ou pas assez à la mode, etc. Que faites-vous ?

- ☐ *a)* Je le lui dis, parce que je pense que c'est un service à lui rendre.
- ☐ *b)* Même si j'avais envie de le lui faire remarquer, je n'oserais sûrement pas.
- ☐ *c)* J'essaierai par la suite de savoir ce qui a pu motiver le choix d'un tel vêtement. Mais j'éviterai d'émettre un jugement.
- ☐ *d)* Cela dépend. S'il s'agit d'excentricité, je suis porté(e) à approuver. Autrement, je me tais.

18

Quelle est pour vous la caractéristique principale de quelqu'un de « sympathique » ?

- ☐ *a)* Quelqu'un qui m'apprécie et m'admire, et dont j'ai envie qu'il m'apprécie et m'admire.
- ☐ *b)* Quelqu'un avec qui je puisse être réellement moi-même.
- ☐ *c)* Quelqu'un dont la personnalité, la conversation, l'activité, etc., sont « intéressantes ».
- ☐ *d)* Quelqu'un qui soit susceptible de partager mes points de vue.

Savez-vous négocier ?

« Êtes-vous un bon négociateur ? » La question, posée de but en blanc, laisse perplexe. Les tâches d'un négociateur, les situations de négociateur sont en apparence diverses ; elles ont, en fait, des points communs. Grâce à ce questionnaire, vous pourrez non seulement évaluer un certain nombre de vos aptitudes, mais comprendre ce qu'est la négociation, au sens le plus large et le plus concret : une attitude face à la vie, une manière d'envisager les problèmes quotidiens et leur résolution.

1

Lorsqu'une difficulté surgit, vous êtes par tempérament plutôt tenté(e) :

☐ *a)* de contourner l'obstacle, quitte à consentir un petit sacrifice.

☐ *b)* d'imposer votre volonté quoi qu'il en coûte.

☐ *c)* de patienter dans l'espoir que les choses s'arrangeront d'elles-mêmes.

5

A la fin d'une discussion, vous pensez qu'il faut :

☐ *a)* un « gagnant » et un « perdant ».

☐ *b)* que le perdant ait le sentiment de l'avoir emporté.

☐ *c)* que chacun éprouve de la satisfaction.

7

Vous pensez que, d'une manière générale, on obtient plus facilement l'accord d'un tiers :

☐ *a)* en lui exposant les raisons pour lesquelles on a besoin de lui.

☐ *b)* en lui citant les avantages que lui procurera cette collaboration, ce concours.

☐ *c)* en agissant sur sa curiosité, son imagination, son esprit d'entreprise, sa volonté de s'affirmer, etc.

Voici diverses caractéristiques du comportement, de l'émotivité et de l'intellect. Quelle est à votre avis, dans chacune des séries, celle qui conviendrait le mieux au négociateur idéal ?

13
Langage

- ☐ *a)* aisance (être « beau parleur »).
- ☐ *b)* mesure, prudence, exactitude.
- ☐ *c)* habileté, pouvoir de conviction.

14
Caractère

- ☐ *a)* chaleureux, avenant, sympathique.
- ☐ *b)* agressif, conquérant, sûr de lui.
- ☐ *c)* discrétion, réserve, subtilité.

15
Intelligence

- ☐ *a)* brillante, capable d'impressionner un auditoire.
- ☐ *b)* capable d'une grande profondeur d'analyse et de synthèse, appuyée sur une mémoire sans défaut.
- ☐ *c)* fondée sur le sens commun, claire et accessible.

16
Présentation

- ☐ *a)* stricte, élégante et discrète.
- ☐ *b)* sportive, dynamique, au goût du jour.
- ☐ *c)* passe-partout, sans affectation.

18
Une relation lointaine vient vous demander de lui rendre un service qui, sans vous déranger, ne saurait rien vous rapporter dans l'immédiat :

- ☐ *a)* vous profitez de l'occcasion pour lui demander de vous obliger à son tour.
- ☐ *b)* vous acceptez de lui rendre service sans rien attendre en échange.
- ☐ *c)* vous invoquez un prétexte quelconque pour refuser.

20

Quand vous êtes amené(e) à prendre une décisoin importante par téléphone :

☐ *a)* vous considérez que votre parole vous engage, de même que la sienne engage votre correspondant.

☐ *b)* vous exigez toujours d'obtenir une confirmation écrite.

☐ *c)* en règle générale, vous évitez d'être trop affirmatif(ve), vous invoquez des prétextes pour différer la décision, vous n'hésitez pas à revenir sur ce que vous avez dit.

26

Quand, dans une discussion, vous avez le sentiment que votre partenaire « tourne autour du pot » :

☐ *a)* vous précisez les choses pour gagner du temps et sortir votre partenaire d'un mauvais cas.

☐ *b)* vous détournez la conversation afin de laisser le problème en suspens, quitte à revenir sur cette question un peu plus tard.

☐ *c)* vous profitez de sa confusion ou de l'imprécision de ses propos pour en tirer avantage.

23

Dans vos rapports avec les gens, vous êtes :

☐ *a)* d'abord sensible à leur personnalité, au charme qui peut émaner d'eux, à leur pouvoir de séduction.

☐ *b)* plutôt sensible à leur compétence, au brio de leur démonstration, à leur culture.

☐ *c)* surtout sensible au désir qu'ils expriment de parvenir à un accord, à la « bonne volonté » dont ils font preuve.

Êtes-vous diplomate ?

Chacun remplit les deux tests « Quel est votre type de contact humain ? » et « Savez-vous négocier ? ».

Ensuite la classe se divise en deux groupes. Chaque groupe décide de la meilleure réponse à chacune des questions pour un négociateur idéal. Il s'agit de recruter un candidat pour une situation de relations publiques.

Chaque groupe interroge l'autre groupe et décide en fonction des réponses qui est le meilleur négociateur.

Comment
vous voyez-vous ?

Vous avez un très, très bon contact avec les autres, mais parce que vous vous tenez au-dehors du cercle. Si cette colonne domine trop nettement ou bien vous êtes psychanalyste, ou bien vous êtes digne de l'être. Vous voyez toujours les ressorts secrets chez les autres : vous n'en « profitez » pas, mais vous vous guidez dessus pour organiser votre comportement.

Vous êtes un(e) timide qui cachez votre timidité sous un masque d'agressivité. Vous attaquez de crainte qu'on ne vous attaque. En ce qui vous concerne, c'est un système de protection assez efficace, mais les autres ne voient que l'agressivité et non ce qu'il y a derrière.

Vous vous êtes construit ou vous vous construisez votre univers personnel avec ténacité. Socialement, professionnellement, familialement, vous êtes sûrement très bien inséré(e). Des gens comptent sur vous et vous comptez sur eux. Un être humain n'existe vraiment et complètement à vos yeux que s'il vous « appartient », mais vous êtes très loin d'être indifférent(e) aux autres.

Vous aimez capter les autres, mais avec des réticences, par à-coups. Vous attendez, araignée patiente et gentille, pour bondir sur les autres, les séduire, les attirer dans votre univers. Une fois qu'ils y sont, ils y sont bien.

Agressif(ve) et possessif(ve) ? Eh bien ! vous êtes sadique. Vous ne vous intéressez qu'aux gens qui vous aiment une fois que vous leur avez fait mal. Dans vos rencontres, vous êtes toujours aux aguets, prêt à paralyser votre proie... et à la rassurer en même temps ! Votre contact humain est intense mais... quelque peu névrosé, si vous acceptez ce terme !

Il y a un côté de vous qui aime les autres et les comprend, mais un autre côté de vous s'en tient à un certain système de valeurs assez rigide qui classe les êtres (bons/ mauvais, droite/gauche, etc.). Il est probable que votre comportement relationnel correspond mal dans ce cas à votre intransigeance affichée.

Quand on vous connaît bien, on vous adore. Vous êtes riche de sensibilité et de tendresse derrière votre masque de maladresse ou de méfiance. Vous avez sûrement un comportement social apparent très discret, trop discret, mais peut-être vous en trouvez-vous bien.

Il s'agit là d'une combinaison relativement rare. Votre méthode de relations humaines est au « second degré ». D'un côté, vous cultivez une sorte d'humour, agressif et astucieux, d'un autre côté, vous n'agressez pas vraiment les autres. Vous les testez. Et vous les aimez malgré tout. Votre contact est enrichissant malgré son apparence rébarbative.

Sûrement, votre vie est une sorte de vaste comédie, parfois teintée de tragédie en tout cas de drame. Les relations avec les autres ne sont jamais simples pour vous. Vous savez établir des contacts de charme et de séduction, mais en même temps vous aimez faire mal. En tout cas, on ne s'ennuie pas avec vous, même si on souffre.

Vous réservez toute votre énergie de contact pour quelques personnes. Autant vous êtes généralement en retrait et pas très concerné(e), autant pour ces élu(e)s, vous êtes compliqué(e), passionné(e), possessif(ve), à la limite « collant(e) ». Avec vous, c'est tout ou rien.

Dans votre genre, vous êtes une sorte de « génie ». Vous comprenez si bien et si vite les autres que vous ne pouvez pas vous empêcher de les manipuler et de les mettre à votre merci. Le contact humain avec vous est intense, mais dangereux pour le libre arbitre.

Sélectionnez l'analyse qui paraît le mieux correspondre à votre personnalité.

textes

Le compartiment de train

Un train s'arrête dans un tunnel, la lumière s'éteint. A l'intérieur d'un compartiment, se trouvent les personnes suivantes :

- Un prêtre
- Une retraitée (grand-mère)
- Un ouvrier de la sidérurgie
- Un militaire de carrière en civil
- Un syndicaliste
- Un homme ou une femme idéaliste et ayant une profession marginale

1. Imaginez les réactions de chacun par rapport à la situation (attitude angoissée, amusée, énervée, rassurante, mauvais esprit.../ réaction à la pensée du retard : personne qui attend à la gare, rendez-vous manqué, correspondance de trains...).

2. L'arrêt se prolonge. Imaginez avec qui chacun aura envie d'entrer en contact, soit par affinité, soit par opposition.

3. Choisissez un rôle (si certains rôles ne conviennent pas, inventez-en d'autres en fonction de votre contexte social et de vos intérêts).

4. Engagez la conversation. Il peut y avoir des conversations individuelles ou une conversation à laquelle participent l'ensemble des personnes.

CANEVAS DE JEUX DE RÔLES

CANEVAS 1

A a un service à demander à B mais il est très indiscret.

- A présente son problème comme un petit problème.
- B se met à sa disposition.
- A continue à s'expliquer.
- B commence à être sur la défensive.
- A pose son problème.
- B veut refuser mais n'ose pas le dire.
- A insiste à sa façon.
- B décide et le dit à sa façon.

CANEVAS 2

Un maire annonce à son Conseil Municipal qu'une centrale atomique va être construite sur leur commune.

- Réactions des conseillers municipaux (2 ou 3 conseillers modérés).
- Réaction violente d'un conseiller municipal écologiste.
- Réponse du maire (avantages pour la région).
- Réponse du conseiller municipal écologiste (inconvénients et dangers).
- Le maire est influencé par certains arguments.
- Discussion et arguments pour et contre.
- Position du maire et du conseil municipal.

CANEVAS 3

Une dame va chez un psychanalyste.

- Elle explique pourquoi elle vient.
- Le psychanalyste écoute ou bien pose une question.
- La dame continue.
- Le psychanalyste lui demande ce qu'elle attend du traitement.
- Elle hésite à répondre.
- Il lui donne le rythme des séances.
- Elle s'étonne.
- Il lui demande si elle a les moyens de faire une analyse.
- Elle demande les conditions.
- Il lui indique le prix de la séance.
- Elle répond qu'elle ne gagne que 5 000 francs par mois.
- Il lui dit que c'est son problème à elle.
- Elle donne son opinion.

CANEVAS 4

Un couple ne sait pas quoi faire pendant ses vacances.

- La femme le dit à un ami.
- L'ami lui suggère de faire un voyage itinérant.
- Ils n'en ont pas envie.
- L'ami leur suggère d'aller faire un séjour à la montagne.
- Ils repoussent l'idée.
- L'ami leur suggère d'aller dans un hôtel-club.
- Ils n'en veulent à aucun prix.
- L'ami leur suggère de rester chez eux pour repeindre leur appartement.
- Ils refusent la suggestion.
- L'ami leur suggère d'aller voir un psychanalyste.
- Ils « l'envoient promener ».

CANEVAS 5

Un étudiant de 18 ans explique à un copain qu'il chercher un petit boulot pour les vacances.

- Il expose son problème.
- Son copain lui répond que lui aussi cherche.
- Le premier suggère une agence d'intérim.
- Le second critique son idée (il faut une qualification professionnelle).
- Le premier propose de chercher un boulot comme pompiste.
- Le second objecte.
- Le premier propose une activité agricole (cueillette des fruits, vendanges).
- Le second répond que c'est fatigant et mal payé.
- Le premier s'énerve et le traite de paresseux.
- Le second « l'envoie promener » et part de son côté.

CANEVAS 6

Un étudiant étranger est en France depuis 6 mois et ne connaît pas de Français. Il aimerait bien en rencontrer. Il discute avec un autre étudiant étranger comme lui.

- A explique sa situation.
- B s'étonne et explique sa situation à lui.
- A demande à B comment il a fait.
- B répond.
- A est pessimiste et sceptique.
- B est optimiste et donne des conseils.
- A répond à sa manière.

SITUATION 1
Vos papiers, s'il vous plaît !

A UN CARREFOUR

Voix	« Ça va pas la tête ». Mais il est dingue celui-là. Et le feu ? Mais qu'est-ce qu'il a ?
L'agent	Rangez-vous là. Vos papiers, s'il vous plaît.
L'automobiliste	Mais qu'est-ce qu'il y a ? Qu'est-ce que j'ai fait ? Bon, mes papiers, heu, attendez un instant, je cherche. Voilà ma carte grise.
L'agent	Montrez-moi votre attestation d'assurance
L'automobiliste	Je ne la trouve pas.
L'agent	Vous ne la trouvez pas ! Allumez vos veilleuses. Vos veilleuses. Elles marchent, vos veilleuses ? Je ne vous ai pas dit d'allumer vos phares.
L'automobiliste	Oh, pardon. Monsieur l'agent.
L'agent	Maintenant, appuyez sur vos freins, je regarde vos stops. Alors votre attestation d'assurances, vous l'avez ? (*l'automobiliste parle entre ses dents*). Qu'est-ce que vous dites ?
L'automobiliste	Je dis que tout va mal, ma femme, mes enfants, mes élèves, maintenant la police.
L'agent	Ah, vous êtes professeur. Je comprends, ça doit être dur. C'est fatigant les mômes. Bon... allez-y... Rentrez chez vous, mais faites attention.
L'automobiliste à son voisin	Heureusement qu'on a une bonne tête !

SITUATION 2
Mange ta soupe !

AU TÉLÉPHONE

Jeune femme 1	Allô, ici Inter-Service Parents, j'écoute.
Jeune femme 2	Madame, je vous téléphone au sujet de mon petit garçon. Je ne sais pas comment faire avec lui. Il se tient mal. Il faut toujours que je lui repète les mêmes choses. Mange ta soupe, Dis merci, Ne pleure pas, Ne mets pas les doigts dans ton nez, Ne fais pas de bruit, Ne mange pas avec les doigts et tiens-toi bien. Chaque fois que je lui dis quelque chose, il répond : Non, je ne dirai pas merci, Si, je mettrai mes doigts dans mon nez, Si, je mangerai avec mes doigts. Qu'est-ce qu'il faut faire pour qu'il obéisse ?
Jeune femme 1	Mais tous les enfants sont comme ça, Madame. Il faut laisser les enfants être des enfants et si votre fils pleure, embrassez-le !

SITUATION 3

Tu peux me prêter 500 balles[1]

DANS UN APPARTEMENT

Le neveu	Dis donc, tante Hélène, j'suis « vachement embêté. » J'ai eu un accident avec la « bagnole[2] » d'un copain.
La tante	Tu as besoin d'argent ?
Le neveu	Ben... C'est que... oui, il me faudrait un peu de « fric ».
La tante	Tu veux cent francs ?
Le neveu	Ça t'ennuierait pas de me prêter cinq cents balles ?
La tante	Dis donc, 500 francs, tu ne pourras jamais me rembourser.
Le neveu	Comment veux-tu que je fasse, je peux pas le dire aux « parents ».
La tante	Bon d'accord, mais c'est la dernière fois.
Le neveu	« T'es sympa ». Merci. Dis, « y a » autre chose... Ce serait bien si tu pouvais me prêter ta « bagnole[2] » pour le week-end.
La tante	Quoi, ma voiture ! Et puis quoi encore ?
Le neveu	Sois chic, j'ai promis à Valérie.
La tante	Ça non, je ne marche pas[3]. Débrouille-toi.

1. *500 balles* : 500 francs (*une brique* : 10 000 francs).
2. *bagnole* : voiture.
3. *je ne marche pas* : je ne suis pas d'accord.

SITUATION 4

Vous ne pourriez pas me rendre un petit service ?

SUR UN PALIER

Jeune femme	Excusez-moi, vous ne pourriez pas me rendre un petit service ?
Voisine de palier	Oui, bien sûr, si je peux.
Jeune femme	Nous partons en vacances, mon mari et moi. Est-ce que vous ne pourriez pas garder les enfants. Ça ne vous dérangerait pas trop?
Voisine de palier	Euh... C'est que... oui... enfin... !
Jeune femme	Ça ne sera pas long, vous savez, une petite semaine.
Voisine de palier	Il faudrait garder les deux ?
Jeune femme	Oui, les deux. Mardi, il faudra les conduire chez le dentiste à 6 heures. Mercredi, ils ont une leçon de piano à 3 heures. Et jeudi, il faut aller les chercher à 4 heures et demie.
Voisine de palier	En ce moment ça tombe mal, je suis très occupée. Ça me sera difficile de me libérer.
Jeune femme	Je comprends, mais ça me rendrait bien service. Ce serait vraiment gentil de votre part.
Voisine de palier	Non, je regrette, ça n'est pas possible, malheureusement.
Jeune femme	Mais, je croyais que je pouvais compter sur vous, vous ne travaillez pas !
Voisine de palier	Mais oui, bien sûr. Vous me laissez vos plantes vertes et vos oiseaux... ? Et je peux même garder votre mari si vous voulez !

SITUATION 5
Mademoiselle Sylvie

AU TÉLÉPHONE

Jeune homme	Allo, Mademoiselle Sylvie ?
Sylvie	Oui, c'est elle-même.
Jeune homme	Mademoiselle Sylvie, j'aimerais... Je voudrais... Je souhaiterais vous revoir.
Sylvie	Ah bon !
Jeune homme	Voudriez-vous me donner euh... m'accorder un rendez-vous.
Sylvie	C'est que...
Jeune homme	Moi quand vous voudrez, Mademoiselle Sylvie.
Sylvie	Je suis très occupée.
Jeune homme	Mais dimanche? Nous pourrions aller au Luxembourg ?
Sylvie	Le dimanche, je déjeune avec ma grand-mère.
Jeune homme	Mais après le déjeuner ?
Sylvie	Après le déjeuner, je travaille. Donnez-moi votre numéro de téléphone, c'est moi qui vous rappellerai. Au revoir !

SITUATION 6
Qu'est-ce que tu as ?

A TABLE

La femme	Qu'est-ce que tu as ?
Le mari	Rien. Je vais très bien.
La femme	Mais non, tu as l'air triste
Le mari	Je vais très bien. Je ne suis pas triste, « fous-moi la paix ».
La femme	Pourquoi est-ce que tu parles comme ça. Ça te dirait d'aller au cinéma ?
Le mari	Je n'ai pas envie de m'enfermer.
La femme	Si on allait se promener ?
Le mari	Je n'ai pas envie de marcher.
La femme	Ça te ferait plaisir d'aller au café ?
Le mari	Je n'ai pas envie de sortir.
La femme	Alors, on regarde la télévision ?
Le mari	Oh, laisse-moi tranquille. J'ai envie d'être seul.
La femme	Tu es charmant aujourd'hui !

SITUATION 7
Qu'avez-vous ?

DANS UN SALON

La femme	Qu'avez-vous, mon ami ?
Le mari	Mais rien, ma chère.
La femme	Vous paraissez triste.
Le mari	Je vous prie de me laisser seul.
La femme	Nous pourrions peut-être aller « au bois » ?
Le mari	Je ne souhaite pas sortir aujourd'hui.
La femme	Que diriez-vous d'une tasse de thé à « La Marquise de Sévigné » ?
Le mari	Je ne suis pas habillé.
La femme	Alors, regardons la télévision.
Le mari	Pourriez-vous me laisser seul ? J'ai besoin de repos.

SITUATION 8

Je n'ai pas de conseils à vous donner, mais...

DANS LE COULOIR D'UNE SOCIÉTÉ

Secrétaire 1 Ma petite, je n'ai pas de conseils à vous donner, mais je voudrais vous dire quelque chose..

Secrétaire 2 Je vous écoute.

Secrétaire 1 Vous arrivez en retard tous les matins, le patron n'aime pas ça. Je vous conseille de ...

Secrétaire 2 *(coupe la parole)* Mon train arrive à 8 h 1/2 et j'ai encore un autobus à prendre.

Secrétaire 1 Non seulement vous arrivez en retard mais vous êtes toujours en pantalon. Dans la maison, on n'aime pas les pantalons!

Secrétaire 2 Ça alors, on n'aime pas les pantalons !

Secrétaire 1 Et puis, votre parfum est un peu fort, pour les clients, cela ne fait pas bon genre[1].

Secrétaire 2 Quoi encore ? Dites tout de suite que je suis trop belle et trop jeune.

Secrétaire 1 De toutes façons, les ordres sont formels. Vous n'avez pas le droit de porter des pantalons.

Secrétaire 2 Et si je refuse ?

Secrétaire 1 Et bien, nous prendrons des mesures.

Secrétaire 2 C'est ce que nous verrons. En tout cas, je n'accepte pas d'obéir à ce genre d'ordre.

1. On écrit parfois « BCBG », ce qui signifie « bon chic, bon genre ».

SITUATION 9

Jamais le dimanche

DANS UN CABINET DE CONSULTATION

Le client Voilà, Monsieur, j'ai mal à l'estomac après les repas.

Le charlatan Ah ah, très intéressant.

Le client Oui, tous les jours, après le déjeuner et après le dîner.

Le charlatan Le dimanche aussi ?

Le client Attendez non, pas le dimanche, c'est vrai, pas le dimanche.

Le charlatan Je vois. C'est le travail. Si vous voulez un conseil, arrêtez de travailler.

Le client Mais ce n'est pas possible. Avec quoi...

Le charlatan *(coupe la parole)* Pour guérir, je vous conseille de vous reposer, de vous lever à 11 heures, de vivre à la campagne.

Le client Mais Monsieur...

Le charlatan Et puis, surtout buvez beaucoup d'eau chaude.

Le client Combien de fois par jour ?.

Le charlatan Trois fois par jour : le matin, à midi, le soir.

Le client Un verre d'eau chaude, c'est tout ?

Le charlatan Non, ce n'est pas tout. Vous feriez bien de prendre ces herbes. C'est moi qui les prépare.

Le client Ça marche ?.

Le charlatan Parfaitement, vous verrez. Ça fait 300 francs.

Le client Vous me donnez une feuille de maladie ?

Le charlatan Je ne suis pas reconnu par la Sécurité Sociale.

SITUATION 10
Comment faire pour avoir la «bagnole»?

DANS UNE CHAMBRE D'ADOLESCENT

La sœur	Dis donc, on y va à la « boum »[1] chez Renaud, ce soir ?.
Le frère	Ah oui, je vois. Y aura Jean-Pierre, c'est pour ça, hein ?
La sœur	Ah tu m'embêtes, t'es casse-pieds[2] !
Le frère	Bon, tu veux y aller ? Tu sais, c'est à la campagne et si on y va, il faut piquer[3] la bagnole.
La sœur	Et si on a un accident ?
Le frère	Faut savoir ce que tu veux.
La sœur	Oui, mais t'as pas ton permis. Et puis, comment on va faire pour avoir les clés ?.
Le frère	On peut essayer de les prendre dans le veston de Papa.
La sœur	Mais je sais pas où il est son veston. Tu sais, toi ?
Le frère	Non, mais y a qu'à chercher.
La sœur	C'est facile à dire. Si les parents s'en aperçoivent, ça va faire des histoires.
Le frère	Écoute, moi j'avais promis à Luc et à Yves de les emmener. Il me faut cette bagnole, sinon les copains...
La sœur	Ah ! si c'est pour épater les copains, fallait le dire.

1. *boum* : soirée de jeunes.
2. *t'es casse-pieds* : tu m'ennuies.
3. *piquer* : voler.

SITUATION 11
Comment faire pour gagner du « fric »

EN VOITURE

Le fils	Dis-donc papa, comment tu fais pour avoir tout « ce fric » ?
Le père	Je travaille, mon vieux. Pour gagner de l'argent, il faut travailler. Je travaille 10 à 12 heures par jour. Pendant cinq ans, « j'ai pas pris » de vacances.
Le fils	Moi, plus tard, je refuse cette vie-là.
Le père	C'est facile à dire, mais comment tu feras pour vivre ?
Le fils	Moi, je vivrai à la campagne. J'élèverai des moutons. J'aurai pas besoin de tout ce luxe.
Le père	Tu rêves ou quoi ? Les moutons il faudra bien les acheter, les élever, les vendre.
Le fils	« T'en fais pas » je me débrouillerai. Je te demande pas comment « t'as » fait pour être prisonnier du « boulot ». Toujours au « boulot », jamais de vie de famille. « T'es » jamais là.
Le père	Ça, mon vieux, on ne peut pas « avoir le beurre et l'argent du beurre[1] »
Le fils	Moi, de toutes façons, j'aime pas le beurre.

1. On ne peut pas tout avoir.

Voici notre nouveau jeu-test.
Celui de 1980 permettait
de savoir si on était
de gauche ou de droite ;
celui de l'an dernier, de calculer
votre véritable sexualité.
Cette année, nous vous proposons
de déterminer votre **âge véritable**
(celui de vos comportements), accompagné
de votre **âge affectif** (celui du cœur)
et de votre **âge mental** (celui de votre tête).
Il n'y a qu'une façon de procéder :

• **Répondez aux trente questions
sans exception.**
• **Ne retenez qu'une seule des
cinq solutions proposées.**

Si aucune des solutions proposées
ne vous convient, retenez
la moins mauvaise.

CALCULEZ VOTRE AGE VÉRITABLE

1 Pour réussir un mariage,
il vaut mieux :
a) S'aimer..
b) S'en foutre..
c) S'entendre...
d) Se respecter..
e) Se mentir...

2 Vous avez écrit un roman policier.
Qui est l'assassin ?
a) Le commissaire chargé de l'enquête.................
b) Personne. C'est un suicide maquillé.................
c) L'idiot du village...
d) Le propre fils de la victime............................
e) Un robot, par dépit amoureux.........................

3 Avec qui illustrer
le prochain billet de 1 000 F ?
a) Depardieu...
b) Platini..
c) Signoret...
d) Pivot..
e) Trenet..

4 Vous rêvez de dire
à votre patron :
a) Chante toujours !....................................
b) J'en ai rien à secouer !.............................
c) Et alors ?..
d) De l'air !...
e) Y a mieux, mais c'est plus cher !................

5 Le dernier
des métiers :
a) Commerçant..
b) Fonctionnaire..
c) Militaire...
d) Proxénète...
e) Psychanalyste.......................................

6 Vous pourriez à la rigueur
vous passer de :
a) Chéquier..
b) Automobile...
c) Disques..
d) Montre...
e) Sous-vêtements.....................................

7 Quelle maladie souhaitez-vous
à votre pire ennemi ?
a) Asthme..............................
b) Calvitie.............................
c) Bégaiement.........................
d) Constipation.......................
e) Strabisme...........................

8 Choisissez
votre régime de retraite
a) A 70 ans à plein salaire...................
b) Diminution progressive du temps de travail et du salaire.................
c) Le régime actuel..........................
d) A 60 ans avec demi-salaire.................
e) Suppression de la retraite................

13 La déprime est là.
Que faire ?
a) Aller au cinéma.....................
b) Se cacher au fond de son lit........
c) Se soûler............................
d) Ecouter de la musique...............
e) Fuir au hasard......................

9 La plus belle
des inventions :
a) L'avion.............................
b) Le cinéma..........................
c) La pénicilline......................
d) La pilule...........................
e) Le téléphone.......................

14 Vous tournez un film.
Ou se passe la scène du premier baiser ?
a) Dans une cabine téléphonique...........
b) Au bord de l'eau........................
c) A l'hôtel...............................
d) Dans le métro..........................
e) A l'hôpital.............................

10 Vous avez horreur
des femmes en :
a) Pantalon de cuir....................
b) Jupe-culotte........................
c) Porte-jarretelles...................
d) Salopette...........................
e) Tailleur............................

15 Vous aimeriez
descendre de :
a) Du Guesclin..........................
b) Einstein.............................
c) Léonard de Vinci.....................
d) Louis XIV............................
e) Rimbaud..............................

11 Vous avez horreur
des hommes en :
a) Slip................................
b) Chapeau.............................
c) Pantoufles..........................
d) Costume trois-pièces................
e) Short...............................

16 Que faites-vous
de vos lettres d'amour ?
a) Vous les cachez......................
b) Vous les brûlez......................
c) Vous les laissez traîner.............
d) Vous les perdez......................
e) Vous les renvoyez....................

12 Vous auriez aimé avoir
Jean-Paul Sartre comme :
a) Grand-père.........................
b) Père...............................
c) Oncle..............................
d) Frère..............................
e) Fils...............................

17 Choisissez un cadeau officiel
pour l'enfant de Lady Di :
a) Le berceau de l'Aiglon.....................
b) La collection complète des « Astérix ».....
c) Deux hectares d'un premier cru classé de Bordeaux....
d) Le manuscrit des « Châtiments », écrits par Victor Hugo à Jersey......
e) Une layette signée Saint Laurent..........

18 Le coq gaulois, c'est très bien,
mais quel animal pour symboliser la France d'aujourd'hui ?
a) Un bœuf de labour...
b) Un fox-terrier...
c) Une poule..
d) Un mulet...
e) Un rossignol...

19 Que supprimer
en priorité ?
a) Les chiens en ville.................
b) Les pourboires.....................
c) Le sport à la télé.................
d) La légion d'honneur.............
e) Le stationnement payant..........

24 Vous aimeriez avoir
François Mitterrand pour :
a) Chauffeur............................
b) Curé..................................
c) Concierge............................
d) Prof de gym.........................
e) Plombier.............................

25 Dans votre maison
il vous faut :
a) Un garage...........................
b) Un jardin............................
c) Un grenier...........................
d) Une cheminée ouverte............
e) Une chambre de bonne...........

20 Vous partez en vacances.
Où cacher votre argent ?
a) Au fond de la poubelle........................
b) Au milieu d'une pile de linge..............
c) Dans un livre de votre bibliothèque...........
d) Dans la poche d'un vieux manteau..........
e) Derrière le réfrigérateur.......................

26 Le troisième âge,
c'est le temps :
a) Perdu.................................
b) Gagné................................
c) Volé..................................
d) Mérité...............................
e) Libéré...............................

21 A quoi aimeriez-vous jouer
avec Léon Zitrone ?
a) A la bataille........................
b) Aux billes...........................
c) A cache-cache......................
d) A chat perché......................
e) A la marelle........................

27 Vous produisez une émission de télévision.
Quel est son titre ?
a) Les Poubelles de l'Histoire...........
b) Le Grand Machin....................
c) A fond les watts.....................
d) Les Barbares de l'aventure..........
e) Bagnol's Band........................

22 Vous remerciez
les Américains pour :
a) Les drugstores......................
b) Le jazz...............................
c) Les jeans............................
d) La Libération.......................
e) Les westerns........................

28 Vous pourriez
à la rigueur :
a) Faire la manche.....................
b) Tourner dans un film porno........
c) Dénoncer un criminel..............
d) Vous confesser en public..........
e) Poser pour une affiche électorale.....

23 Vous reprochez
aux Américains :
a) Le Coca-Cola.......................
b) Les gratte-ciel.....................
c) Les hippies.........................
d) Le marketing.......................
e) Le chewing-gum....................

29 Offrez un parrain
à votre enfant :
a) Dassault.............................
b) Orson Welles.......................
c) Eddy Mitchell......................
d) Borg.................................
e) Chancel.............................

30 Lequel de ces fromages
nationaliser ?
a) Le camembert......................
b) Le roquefort........................
c) La Vache qui rit....................
d) Le fromage blanc..................
e) Le gruyère..........................

SOLUTION DU JEU-TEST

CALCULEZ VOTRE ÂGE VÉRITABLE

Age légal, âge des artères, premier âge, et troisième âge... on n'en sort plus. Ce nouveau jeu-test entend apporter un peu de clarté et de fantaisie à la rigueur des chiffres. Il vous permet de calculer tour à tour votre ÂGE VÉRITABLE, celui des comportements et des automatismes ; votre ÂGE AFFECTIF, celui du cœur et des instincts ; enfin votre ÂGE MENTAL, celui de la raison et du discernement.

1. COMMENT PROCÉDER

A chacune des trente questions des pages 12, 13 et 14 correspond un tableau de cotation. Pour chacune de vos réponses (a, b, c, d ou e) correspond soit un chiffre (1 ou 10), soit un certain nombre de carrés ou de ronds (blancs ou noirs), soit rien du tout.

Relevez, réponse par réponse, combien vous avez obtenu de chiffres ; faites-en le total ; faites de même avec les ronds blancs et noirs et les carrés blancs et noirs.

2. VOTRE ÂGE VÉRITABLE

Il est obtenu en faisant le total des chiffres qui correspondent à vos trente réponses.

3. VOTRE ÂGE AFFECTIF

Faites le total de vos ronds blancs (○) puis celui de vos ronds noirs (●). Calculez la différence entre ces deux totaux. Multipliez-la par deux.

Si vos ronds blancs (○) sont plus nombreux que les noirs (●), **retranchez** le résultat de la multiplication de votre âge véritable tel qu'il est obtenu par le calcul des chiffres.

Si vos ronds noirs (●) sont les plus nombreux, **ajoutez** le résultat de la multiplication à votre âge véritable.

EXEMPLES

a) Age véritable = 42 ans
ronds blancs (○) = 18
ronds noirs (●) = 12
Age affectif = 42 — ([18 — 12] ×2)
= 30 ans

b) Age véritable = 29 ans
ronds blancs (○) = 10
ronds noirs (●) = 14
Age affectif = 29 + ([14—10] ×2)
= 37 ans

4. VOTRE ÂGE MENTAL

Procédez comme pour l'âge affectif mais en utilisant les carrés blancs (□) et les carrés noirs (■).

Faites le total de vos carrés blancs (□) puis celui de vos carrés noirs (■). Calculez la différence entre ces deux totaux. Multipliez-la par deux.

Si vos carrés blancs (□) sont plus nombreux que les carrés noirs (■), **retranchez** le résultat de la multiplication de votre âge véritable tel qu'il est obtenu par le calcul des chiffres.

Si vos carrés noirs (■) sont les plus nombreux, **ajoutez** le résultat de la multiplication à votre âge véritable.

EXEMPLES

a) Age véritable = 42 ans
carrés blancs (□) = 15
carrés noirs (■) = 8
Age mental = 42 — ([15 — 8] ×2)
= 28 ans

b) Age véritable = 29 ans
carrés blancs (□) = 16
carrés noirs (■) = 18
Age mental = 29 + ([18—16] ×2)
= 33 ans

Ce test a été conçu et réalisé par Walter Lewino et Christine Deymard.
Avec la collaboration de Jacqueline Le Sain et Gérard Duparc.
© « Le Nouvel Observateur » 1982.

EXERCICES
AUTO-CORRECTIFS

Index

EXERCICES FONCTIONNELS

NUMÉRO DE L'EXERCICE	FONCTION	EXEMPLE
46	Décrire un état passé	Je fumais en cachette.
47	Rapporter une action passée	Nous sommes restés à la maison.
48	Rapporter une action passée	Je l'ai vue. Je ne l'ai pas vue. Je les ai achetés. Je ne les ai pas achetés.
49	Expliquer une action passée	Parce que j'avais brûlé un feu rouge.
50	Décrire l'action en cours, l'état et l'action habituelle	Je ne sais pas si vous connaissez mon amie Sylvie.
51	Décrire des habitudes	Ils ne sont jamais ouverts le lundi.
52	Exprimer la fréquence d'une action	Je vais rarement (souvent) au cinéma. Je vais au cinéma deux fois par semaine. Je vais tout le temps au cinéma.
53	Répondre négativement	Il ne casse jamais rien.
54	Répondre négativement	Non, je ne fais rien.
55	Apprécier un objet ou une personne	Cette jeune fille me plaît, elle est très jolie. Je ne peux pas boire ce café, il est trop chaud.
56	Donner une explication	Parce qu'il y avait une fuite de gaz dans la cuisinière.
57	Décrire l'état ou l'action en cours	Je suis là depuis midi.
58	Décrire l'état ou l'action en cours	Il y a (ça fait) une heure que je travaille. Je travaille depuis une heure.
59	Décrire l'état ou l'action en cours	Je ne pense qu'à vous depuis que je vous ai rencontrée.
60	Décrire la durée de l'action en cours	Ça fait (il y a) une demi-heure que ça dure. Ça dure depuis une demi-heure.
61	Exprimer la durée du temps précédant une action passée	J'ai commencé il y a trois mois. Il y a trois mois que j'ai commencé.
62	Exprimer le temps écoulé depuis le dernier accomplissement d'une action	Il y a quinze jours que je ne suis pas allée au cinéma.
63	Exprimer la cessation d'un état ou d'une action	Elle ne veut plus me voir.
64	Exprimer l'envie et le besoin	Il a envie d'une Mercedes. J'ai besoin de chaises.
65	Exprimer le futur	Je crois que Gilles se présentera aux élections municipales.
66	Faire une recommandation	Si tu sors, n'oublie pas tes clefs.
67	Faire une prédiction liée à une hypothèse	Si le prix du pétrole augmente, le niveau de vie diminuera.
68	Conseiller	Tu n'as qu'à téléphoner. Il n'y a qu'à ...
69	Faire un reproche	Vous n'aviez qu'à arriver à l'heure. Il fallait arriver à l'heure.
70	Exprimer un point de vue	Il est difficile d'apprendre le français.
71	Faire une recommandation	Ce n'est pas la peine de poser des questions. Je te conseille de ne pas lui parler.
72	Conseiller	Laisse-le fumer. Ne l'empêche pas de fumer.
73	Conseiller – Souhaiter	Ne changez pas. Ce n'est pas la peine.
74	Exprimer l'incapacité	Je n'arrive pas à le terminer.
75	S'excuser, féliciter, exprimer sa sympathie	Je suis ravie d'apprendre.
76	Exprimer un sentiment	Être content, heureux, inquiet de ... Avoir le cafard, la flemme ... En avoir «ras-le-bol».

Textes des exercices fonctionnels

EXCERCICE 46 — Niveau unité 8
Décrire un état passé

Répondez aux questions en utilisant les verbes entre parenthèses :

> *Exemple :*
> - Dis-moi Papa, tu fumais à mon âge ? *(fumer en cachette)*
> - **Oui, je fumais en cachette.**

1. Quels horaires aviez-vous avec l'autre professeur ? *(avoir deux heures de cours, deux fois par semaine de 6 à 8).*
2. Comment est-ce que vous circuliez autrefois dans Paris ? *(y avoir le métro, marcher beaucoup).*
3. Quelle langue parliez-vous entre vous avant de connaître le français ? *(parler anglais).*
4. Pourquoi est-ce que vous n'êtes pas venu au cours la dernière fois ? *(être fatigué).*
5. Pourquoi ne m'as-tu pas prévenue que tu rentrerais tard ? *(avoir peur de contrarier).*
6. Pourquoi est-ce que tu n'as pas appris à taper à la machine l'année dernière ? *(ne pas avoir le temps).*
7. Pourquoi es-tu parti sans me prévenir ? *(en avoir marre).*
8. Pourquoi as-tu acheté tous ces souvenirs ? *(en avoir envie).*

EXERCICE 47 - Niveau unité 8
Rapporter une action passée

Répondez aux questions en utilisant les verbes entre parenthèses :

> *Exemple :*
> - Vous avez passé un bon week-end ? *(rester à la maison, regarder la télé)*
> - **Nous sommes restés à la maison. Nous avons regardé la télé.**

1. Vous avez passé votre examen. Vous avez été reçue ? *(être reçue ou recalée).*
2. Vous m'avez trouvé une adresse d'hôtel pas cher à Paris ? *(oublier).*
3. Vous avez essayé d'obtenir une bourse ? *(obtenir la réponse que la date était passée).*
4. Vous êtes restés jusqu'à la fin du film ? *(partir avant la fin).*
5. Vous vous êtes bien reposée ? *(dormir toute la journée).*
6. Tu as fait la connaissance de l'ami brésilien de Janine ? *(faire la connaissance de).*

EXERCICE 48 — Niveau unité 8
Rapporter une action passée

Répondez aux questions en utilisant les mots entre parenthèses :

> *Exemple :*
> - Tu as vu Marie ? *(oui - non).*
> - **Oui, je l'ai vue. Non, je ne l'ai pas vue.**
> - Vous avez acheté les dessins ? *(oui - non).*
> - **Oui, je les ai achetés. Non, je ne les ai pas achetés.**

1. Tu as refait ta demande ? *(oui - non).*
2. Tu as acheté *Le Monde* d'hier ? *(acheter mais pas garder).*
3. Tu as vu le dernier film de Losey ? *(non).*
4. Vous m'avez rapporté la revue que je vous ai prêtée ? *(oui).*
5. Vous avez reçu votre mandat ? *(non).*
6. Vous avez rencontré Jacques en montant ? *(oui).*
7. Tu as emmené ta fille aux sports d'hiver ? *(non).*
8. Il a réparé les fusibles ? *(oui).*

EXERCICE 49 — Niveau unité 8
Expliquer une action passée

Répondez aux questions en utilisant les termes entre parenthèses :

> *Exemple :*
> - Je suis furieux, j'ai eu un p.v.[1] cet après-midi. Pourquoi ? *(brûler un feu rouge).*
> - **Parce que j'avais brûlé un feu rouge.**

1. Moi non plus je n'ai pas eu de chance, j'en ai eu un aussi. Pourquoi ? *(oublier son casque à moto).*
2. Vous avez eu des places dans le charter ? C'est difficile à avoir ! *(réserver trois mois à l'avance).*
3. Tu es rentré tôt du bureau, ce soir, comment ça se fait ? *(finir son travail, « en avoir marre »).*
4. Vous avez pu avoir une table chez Lipp un samedi soir ? *(téléphoner la veille pour réserver).*
5. Je ne comprends pas comment vous avez pu faire ces fautes d'accord à votre examen ? *(mal expliqué la règle, pas bien compris la règle).*
6. Pourquoi ne m'as-tu pas prévenue que tu avais invité tes copains ? *(mais, te prévenir).*
7. Tu n'es pas venue à la réunion syndicale, hier soir ? *(ne pas être avertie de cette réunion).*

1. Un p.v. : procès-verbal, une contravention.

EXERCICE 50 — Niveau unité 9
Décrire l'action en cours, l'état et l'action habituelle :

Mettez le verbe entre parenthèses à la forme convenable[1] :

> *Exemple :*
> - Je ne sais pas si vous *(connaître)* Sylvie, mon amie.
> - **Je ne sais pas si vous connaissez Sylvie, mon amie.**

1. Jacques et Michel *(habiter)*... le même appartement.
2. Roselyne ne trouve pas ses clés. Elle *(les chercher)*... dans ses poches.
3. François ne veut pas être dérangé. Il *(travailler)*...
4. Aujourd'hui c'est fête. Alain et Florence *(se marier)*...
5. Il sera là dans quelques minutes. Il *(téléphoner)*...
6. Non, merci, pas de vin pour moi. Je *(préférer)*... de l'eau.
7. Je n'ai pas encore mon permis. Je *(apprendre à conduire)*...
8. Tous les ans, à Noël, il *(envoyer)* des chocolats à sa vieille tante.
9. Cet homme est un grand chercheur. Il *(mériter)*... le prix Nobel.
10. J'ai acheté cette voiture parce qu'elle *(braquer)*... bien.
11. Allô, François, regarde vite, sur la deux, Philippe *(passer)*

---

1. On dit : *il habite* et non « il est en train d'habiter » (état)
il regarde la télévision tous les soirs et non « il est en train de regarder la télévision tous les soirs ».
mais on peut dire : *il déjeune* ou *il en train de déjeuner* (action en cours).
Dans cette dernière phrase, l'action a un commencement et une fin.

EXCERCICE 51 — Niveau unité 9
Décrire des habitudes

Répondez aux questions :

> *Exemple :*
> - En France, les magasins sont ouverts le lundi ?
> - **Non, ils ne sont jamais ouvert le lundi.**

1. Les musées français sont ouverts, le mardi ?
2. On retrouve un objet perdu dans le métro ?
3. Le métro marche la nuit à Paris ?
4. En France, on demande aux gens combien ils gagnent ?
5. Est-ce qu'un grutier déjeune souvent chez Lipp ?
6. On peut payer par chèque sans pièces d'identité ?
7. On peut acheter des tranquillisants sans ordonnance ?
8. Est-ce que vous demandez aux femmes leur date de naissance ?

EXERCICE 52 - Niveau unité 9
Exprimer la fréquence d'une action

Répondez en utilisant rarement, quelquefois, souvent, tout le temps, toujours, X fois par ..., plusieurs fois par :

> *Exemple :*
> - *Vous allez souvent au cinéma?*
> - **Combien de fois par semaine allez-vous au cinéma?**
> *Réponses possibles :*
> **Je vais rarement au cinéma.**
> **Je ne vais pas souvent au cinéma.**
> **Je vais au cinéma deux fois par semaine.**
> **Je vais tout le temps au cinéma.**

1. Vous mangez souvent quand vous faites de l'auto-stop ?
2. Vous travaillez souvent chez vous après le dîner ?
3. Vous payez par chèque dans les magasins ?
4. Vous faites du jogging ?
5. Vous prenez quelquefois des taxis ?
6. Vous avez déjà voyagé en Concorde ?
7. Elle téléphone souvent chez les gens, tard le soir ?
8. Il rend les livres qu'on lui prête ?
9. Elle arrive à l'heure en général ?
10. Il oublie ses rendez-vous ?

EXERCICE 53 — Niveau unité 9
Répondre négativement

Répondez en utilisant jamais rien *à partir du verbe :*

> *Exemple :*
> - Le petit garçon *casse* souvent de la vaisselle ?
> **Non, il ne casse jamais rien.**

1. Il *rend* les livres et les disques qu'on lui prête ?.
2. Je n'ai pas les doubles de ces papiers. Ne les *perdez* pas.
3. Vous *regrettez* les choses, après coup, quand il est trop tard ?
4. Vous *fumez* quelquefois des petits cigarillos ?
5. Vous *donnez* des pourboires dans les stations services ?.
6. Est-ce qu'elle *répète* ce qu'elle entend dire ?

EXERCICE 54 - Niveau unité 9
Répondre négativement

Répondez en utilisant rien *à partir du verbe[1] ;*

> *Exemple :*
> - Tu fais quelque chose, ce soir ?
> - **Non, je ne fais rien.**

1. Il *connaît* l'histoire de France, ce type-là ?
2. Cette voiture *consomme* beaucoup ?
3. Qu'est-ce qu'il *mérite* pour son travail du trimestre ?
4. Et Pierre, il *travaille* beaucoup en classe ?
5. Il est malade ? Il *a mangé* quelque chose ?
6. Elle a beaucoup *parlé* ?
7. Elle a aimé ton appartement ? Elle a *regardé* ?

1. Certains des verbes *soulignés* ne s'emploient pas avec « rien ».

EXERCICE 55 — Niveau unité 9
Apprécier un objet ou une personne

Remplissez les vides en utilisant très *ou* trop *selon les situations :*

> *Exemple :*
> - Cette jeune fille me plaît, elle est très jolie.
> - **Je ne peux pas boire ce café, il est trop chaud.**

1. J'aime beaucoup Monique, elle est... gentille
2. Si vous utilisez S.I.B., votre linge sera... blanc.
3. Quoi ! Un mètre soixante cinq à onze ans, il est ... grand pour son âge
4. Avec ses lunettes toutes rondes, il est ... marrant, Pierre.
5. Je n'aime pas ses idées. Elles sont vraiment ... simplistes.
6. Je voudrais quelque chose de plus foncé. Celui-là est ... clair.
7. Cette valise est ... lourde pour moi, je ne peux pas la porter.
8. Je ne peux pas garder cet étudiant dans la classe. Il est ... en retard. Il a ... manqué.
9. J'aime bien travailler avec lui, il a une intelligence ... rationnelle.
10. Elle s'habille chez Courrèges. Elle est ... élégante.
11. Elle était ... élégante pour aller au cinéma hier soir. C'est une snob, cette photographe.
12. Ils ont engagé quelqu'un de ... bien. C'est un homme ... dynamique.

EXERCICE 56 — Niveau unité 9
Donner une explication

Répondez aux phrases suivantes en formulant la cause ou l'excuse proposées entre parenthèses :

> *Exemple :*
> - Qu'est-ce qui s'est passé ? Pourquoi est-ce qu'il y a eu cette explosion dans l'appartement ? *(y avoir une fuite de gaz dans la cuisinière).*
> - **Parce qu'il y avait une fuite de gaz dans la cuisinière.**

1. Je ne comprends pas pourquoi vous ne m'avez pas téléphoné. Je suis dans l'annuaire. J'ai attendu toute la journée. *(avoir un faux numéro).*
2. Qu'est-ce que tu as fait de la clé de la cave ? Tu me l'as donnée il y a trois jours, je l'ai accrochée au tableau et maintenant elle n'y est plus. *(laisser la clé sur la porte).*

3. J'ai horreur qu'on me prenne mes affaires sans me demander. Pourquoi m'as-tu pris ma voiture sans me prévenir ? *(y avoir une grève de métro et Sophie attendre)*.

4. Qu'est-ce qui s'est passé ? Tu m'avais dit que tu prendrais le train de 4 heures, je suis allée te chercher comme prévu à la gare à 6 h 1/2. Tu aurais pu me prévenir ? *(dire de ne pas venir à la gare)*

5. Comment est-ce que cette lettre a pu se perdre ? Je te l'ai envoyée en recommandé il y a trois jours. C'est curieux. *(y avoir des perturbations dans le courrier)*.

6. Comment est-ce que ce naufrage est arrivé ? *(heurter un rocher - être trop près de la côte)*.

EXERCICE 58 — Niveau unité 10
Décrire l'état ou l'action en cours

Répondez aux questions en utilisant il y a... que, ça fait ... que, *ou* depuis :

> *Exemple :*
> - **Il y a longtemps que tu travailles ?**
> - **Il y a une heure que je travaille.**
> - **Ça fait une heure que je travaille.**
> - **Je travaille depuis une heure.**

1. Ça fait longtemps que tu la connais ?
2. Tu es là depuis combien de temps ?
3. Ça fait longtemps que vous êtes mariés ?
4. Tiens, depuis combien de temps est-ce que tu sais conduire ?
5. Il y a longtemps que ça dure, cette épidémie de grippe ?
6. Il y a combien de temps qu'il neige ?
7. Il y a combien de temps que vous n'avez pas voyagé ?
8. Il y a combien de temps que vous n'avez pas eu de nouvelles d'elle ?

EXERCICE 57 - Niveau unité 10
Décrire l'état ou l'action en cours

Répondez aux questions en utilisant depuis *et les éléments entre parenthèses :*

> *Exemple :*
> - Tu es là depuis longtemps ? *(midi)*
> - **Je suis là depuis midi.**

Répondez aux questions en construisant les phrases :

1. Il ne te parle plus depuis longtemps ? *(la dernière réunion syndicale)*.
2. Vous vivez ensemble depuis longtemps ? *(des années)*.
3. Ma pauvre, tu attends dans le froid depuis longtemps ? *(midi et quart)*.
4. Les étudiants manifestent depuis quand ? *(hier matin)*.
5. Il ne reconnaît personne depuis longtemps, le pauvre. *(trois ans)*.
6. Il boit ? Depuis quand ? *(la mort de sa femme)*.
7. Tu as l'air crevée. Tu travailles depuis longtemps ? *(huit heures, ce matin)*.

EXERCICE 59 — Niveau unité 10
Décrire l'état ou l'action en cours

Construisez les phrases suivantes avec depuis que :

> *Exemple :*
> - Je vous ai rencontrée, je ne pense qu'à vous.
> - **Je ne pense qu'à vous depuis que je vous ai rencontrée.**

1. Il travaille ! Il a changé de professeur.
2. Il a fait la connaissance de Marie. Il ne pense qu'à elle.
3. Elle a acheté une voiture. Sa vie est transformée.
4. J'ai fait blinder ma porte d'entrée. Je me sens plus sûre.
5. Il est passé chef de service. Il a pris confiance en lui.
6. Je suis rentré. Le téléphone n'a pas arrêté de sonner.
7. Il a vu Henri. Son attitude a complètement changé à mon égard.
8. Jean est emballé par le bateau. Il a fait une croisière avec notre frère.
9. Elle travaille à plein temps. Ses enfants ont grandi.
10. Je ne vois plus Jean. Jean a quitté Paris.
11. Nous ne nous sommes pas rencontrés une seule fois. Nous travaillons dans la même tour.
12. Je ne fais plus de ski. Je me suis cassé la jambe.

EXERCICE 60 — Niveau unité 10
Décrire la durée de l'action en cours

Répondez aux questions en utilisant il y a ... que, *ou* depuis *et les éléments entre parenthèses :*

> *Exemple :*
> - Il y a longtemps que ça dure ? *(une demi-heure)*
> **1. - Ça fait (il y a) une demi-heure que ça dure.**
> **2. - Ça dure depuis une demi-heure**

1. Écoutez les enfants, vous pourriez éteindre votre radiateur. Ça fait longtemps qu'il est allumé ? *(trois heures)*.
2. Il est mignon, ce bébé. Il reconnaît sa mère depuis longtemps ? *(huit jours)*.
3. Va l'aider, je suis sûre qu'elle prépare tout depuis un bon moment ? *(un quart d'heure)*.
4. A mon tour maintenant. Il y a combien de temps que tu as ce sac sur le dos ? *(une heure)*.
5. Elle est capricieuse, cette jeune personne, il y a longtemps que ça dure, cette comédie ? *(une semaine)*.
6. Il y a combien de temps qu'on est sur ce problème ? On pourrait faire une pause de cinq minutes. *(trois heures)*.
7. Comment, mon passeport est périmé ? Je ne savais pas. *(deux mois)*.
8. Ça m'énerve de vous voir devant cette télé. Vous êtes là depuis longtemps ? *(pas longtemps)*.

EXERCICE 61 — Niveau unité 10
Exprimer la durée du temps précédant une action passée

Répondez aux questions en utilisant il y a *ou* il y a ... que *et les éléments entre parenthèses :*

> *Exemple :*
> - J'ai commencé un cours de français *(trois mois)*.
> **- J'ai commencé un cours de français il y a trois mois.**
> **- Il y a trois mois que j'ai commencé un cours de français.**

1. On a téléphoné cet après-midi. *(une heure)*
2. Tu as réservé des places pour le concert de ce soir. *(huit jours déjà)*.
3. Tu as vu le film de Renoir ? *(naturellement, dix ans)*.
4. Tu n'as plus ta vieille deux chevaux ? *(vendre, deux ans)*.
5. Vous connaissez Venise ? Vous y êtes déjà allée ? *(en voyage de noces, vingt ans)*.
6. Ils ont eu un accident d'auto ? Il y a combien de temps que ça c'est passé ? *(trois semaines)*.

EXERCICE 62 - Niveau unité 10
Exprimer le temps écoulé depuis un dernier accomplissement d'une action[4]

Construisez les phrases avec il y a ... que (ça fait ... que) *et* depuis *en utilisant les verbes entre parenthèses à la forme négative :*

> *Exemple :*
> - Je suis allée au cinéma, il y a *quinze jours (ne pas aller)*.
> **- Il y a quinze jours que je ne suis pas allée au cinéma.**

1. J'ai joué au football pour la dernière fois, il y a vingt ans. *(ne pas jouer)*.
2. J'ai écrit à ma sœur, il y a trois ans. *(ne pas écrire)*.
3. Ils sont allés en voyage de noces, il y a vingt ans. *(ne pas aller à Venise)*.
4. J'ai eu un accident d'auto, il y a longtemps. *(ne pas conduire)*.
5. Il a plu pendant les vacances de Pâques, il y a un mois. *(ne pas pleuvoir)*.
6. Je lui ai téléphoné, il y a huit jours. *(ne pas téléphoner)*

EXERCICE 63 — Niveau unité 11
Exprimer la cessation d'un état ou d'une action

Terminez les phrases suivantes en utilisant ne ... plus *et les éléments entre parenthèses :*

> *Exemple :*
> - Avant nous étions très amis. Maintenant, nous sommes fâchés *(vouloir me voir)*.
> **- Elle ne veut plus me voir.**

1. Ils habitaient le quartier, ils ont déménagé, ils *(habiter)* le quartier.
2. Avant, je l'attendais, maintenant je l'aime moins. J'ai attendu une heure, ça suffit, je *(attendre)* je pars.
3. J'ai fini, merci, je *(avoir faim)*.
4. Il casse tout, ce garçon, maintenant, c'est fini, je *(lui prêter)* rien.
5. Elle arrivait toujours en retard, elle a été renvoyée, maintenant *(arriver en retard)*.
6. Ma carte de séjour *(être valable)* depuis le 1er janvier.

---

4. Au passé composé, on peut employer les constructions suivantes :
Action positive : *Je suis allé à Strasbourg, il y a deux ans.*
Action négative : *Je ne suis pas allé à Strasbourg depuis deux ans ;*

EXERCICE 64 — Niveau unité 11
Exprimer l'envie et le besoin

Utilisez avoir envie de *ou* avoir besoin de *selon les cas :*

>   Exemple :
>   - Le coureur cycliste aime les voitures (une Mercedes).
>   - **Il a envie d'une Mercedes**
>   - J'ai invité dix personnes (pas assez de chaises).
>   - **J'ai besoin de chaises.**

1. Je suis crevé. *(partir en vacances).*
2. J'ai très soif. *(un grand verre d'eau).*
3. Tu n'as pas vu le dernier film de Bresson. *(aller le voir).*
4. Je n'aime pas le travail que je fais en ce moment. *(changer de situation).*
5. La direction lui offre un poste intéressant à l'étranger. *(accepter le poste).*
6. Je voudrais partir en vacances. *(pas assez d'argent).*
7. J'ai trop de travail. *(pas de secrétaire).*
8. Je mets trop de temps pour aller au bureau. *(pas de voiture)*
9. Je suis invitée à l'Élysée. *(pas de robe du soir).*
10. Ce travail est difficile. *(personne pour m'aider).*

EXERCICE 65 — Niveau unité 11
Exprimer le futur

Transformez les phrases à l'aide des éléments entre parenthèses :

>   Exemple :
>   - Je crois que Gilles *(se présenter)* aux élections municipales.
>   - **Je crois que Gilles se présentera aux élections municipales.**

1. Cette affaire semble intéressante. *(rapporter beaucoup d'argent).*
2. Il faut lui téléphoner, sinon elle *(s'inquiéter).*
3. Mesdames et Messieurs, vous *(entendre)* la sixième symphonie de Beethoven.
4. Il a raté son examen, je pense *(ne pas t'étonner).*
5. Il n'est pas rancunier, il *(oublier).*
6. Dépêche-toi, nous sommes en retard, ils *(ne pas nous attendre).*
7. Dépêche-toi, sinon tu *(être en retard).*
8. N'oublie pas de composter ton billet *(payer une amende).*

EXERCICE 66 — Niveau unité 11
Faire une recommandation

Construisez des phrases à l'aide des verbes suivants en utilisant si :

>   Exemple :
>   - *(sortir)*, *(ne pas oublier)* les clefs.
>   - **Si tu sors, n'oublie pas tes clefs.**

1. *(passer)* dans le quartier, *(venir)* nous voir.
2. *(aller)* à la poste, *(acheter)* un carnet de timbres.
3. *(voir)* François *(ne pas oublier)* de lui demander des nouvelles de sa mère.
4. Quelqu'un sonne *(demander)* qui est là avant d'ouvrir.
5. *(venir en France)* *(aller visiter)* la Bretagne.
6. *(avoir envie d'aller)* au cinéma *(nous donner)* un coup de fil.

EXCERCICE 67 — Niveau unité 11
Faire une prédiction liée à une hypothèse

Construisez des phrases à l'aide des verbes suivants :

>   Exemple :
>   - Le nombre des naissances *(continuer à diminuer)* la population française *(vieillir).*
>   - **Si le nombre de naissances continue à diminuer, la population française vieillira.**

1. Le prix du pétrole *(augmenter)* le niveau de vie *(diminuer).*
2. *(trouver)* de nouveaux médicaments *(supprimer)* la douleur.
3. *(faire)* des opérations du cerveau *(modifier)* le comportement.
4. *(réduire)* le nombre des professeurs, le nombre d'élèves par classe ne pas *(diminuer).*
5. *(utiliser)* l'énergie nucléaire, l'électricité *(coûter)* moins cher.
6. Le prix de l'essence *(augmenter)*, les gens *(prendre)* les transports en commun.

EXERCICE 68 — Niveau unité 12
Conseiller

Formulez le conseil en utilisant l'une des expressions ci-dessous :

> *Exemple :*
> - **Je n'ai pas leur nouveau numéro de téléphone.**
> - **Il n'y a qu'à téléphoner aux renseignements.**
> - **Tu n'as qu'à …**
> - **Vous n'avez qu'à ….**

1. Il n'y a plus de métro, pas de taxis, qu'est-ce qu'on va faire ?
2. Je ne sais pas ce qu'elle veut comme couleur.
3. Nous n'aurons pas le temps de faire ça demain.
4. Ils sont en retard, qu'est-ce qu'ils font ?
5. Il n'y a pas de dictionnaire Larousse dans cette maison ?
6. On pourrait dîner au restaurant ce soir, j'espère qu'on trouvera de la place.

EXERCICE 69 — Niveau unité 12
Faire un reproche

Formulez le reproche en utilisant l'expression n'avoir qu'à *ou* il fallait :

> *Exemple :*
> - Je suis désolé, j'ai manqué le début du film. Alors je n'ai rien compris (arriver à l'heure).
> - **Vous n'aviez qu'à arriver à l'heure.**
> - **Il fallait arriver à l'heure.**

1. Impossible de trouver un taxi à six heures du soir. Tu ne peux pas imaginer ce que ça a été avec les bagages. *(demander de conduire à la gare)*.
2. Je ne pensais pas que les diplômes, c'était important. *(y penser plus tôt)*.
3. J'ai eu de gros problèmes d'argent. J'ai dû déménager. *(nous le dire - en parler)*.
4. Quand je suis arrivé, c'était fermé. Avec ça, j'avais deux changements de métro. *(prendre un taxi)*.
5. On a gelé toute la semaine dans ce bureau, c'était un vrai frigidaire. *(mettre des chandails de plus)*.

EXERCICE 70 — Niveau unité 12
Exprimer un point de vue

Transformez les phrases selon le modèle suivant :
> *Exemple :*
> - Apprendre le français, c'est difficile.
> - **Il est difficile d'apprendre le français.**

1. Circuler en moto, c'est dangereux.
2. Arriver au début de ce film, c'est important.
3. Savoir l'anglais, c'est nécessaire pour voyager.
4. Arriver à l'heure, je trouve que c'est inutile.

5. Prévenir la police, c'est urgent.
6. Avoir une réserve d'essence pour le voyage, c'est indispensable.
7. Savoir ça, c'est intéressant.

EXERCICE 71 — Niveau unité 12
Faire une recommandation

Employez ce n'est pas la peine de *ou* « conseiller de ne pas » *selon les phrases :*

> *Exemple :*
> - **Ne posez pas de questions, il ne répondra pas.**
> - **Ce n'est pas la peine de poser des questions.**
> - **Ne lui parlez pas, il est de mauvaise humeur.**
> - **Je te conseille de ne pas lui parler.**

1. Ne buvez pas de l'eau du robinet, elle est mauvaise.
2. N'allez pas voir ce film, il n'est pas bon.
3. Ne faites pas la queue *(de toutes façons il n'y aura plus de places)*.
4. Ne portez pas ce paquet, il est trop lourd pour vous.
5. Ne cherchez pas, vous ne le trouverez pas.
6. Ne lui prête pas ton collier, elle va le perdre.
7. N'attendez pas, il ne viendra pas.
8. Ne lui prêtez pas d'argent, il ne le rend jamais.
9. N'ouvre pas. A cette heure-ci on ne sait jamais.
10. Ne réservez pas maintenant. Il y a toujours de la place.

EXERCICE 72 — Niveau unité 12
Conseiller

Transformez les phrases suivantes en utilisant selon les cas l'impératif positif ou négatif des verbes « laisser » *et* « empêcher » :

> *Exemple :*
> - **Votre fils veut fumer. Votre mari ne veut pas le laisser faire. Vous prenez la défense de votre fils.**
> - **Laisse-le fumer. Ne l'empêche pas de fumer.**
> ou au contraire :
> - **Ne le laisse pas fumer. Empêche-le de fumer.**

1. Le professeur ne veut pas que les étudiants partent avant la fin du cours.
2. Vous voyez un enfant qui a du mal à monter seul. Sa mère veut l'aider. Vous n'êtes pas d'accord.
3. Vous voyez des jeunes en train de se battre, que dites-vous ?
4. Les enfants du Tiers-Monde meurent de faim.
5. Votre voisine veut se jeter par la fenêtre. Que dites-vous à son mari ?
6. Votre mari est fatigué. Que dites-vous aux enfants.

EXERCICE 73 — Niveau unité 12
Conseiller — Souhaiter

Transformez les infinitifs en impératifs :

> *Exemple :*
> - Dites à des amis étrangers de ne pas se changer pour aller au théâtre.
> - **Ne vous changez pas, ce n'est pas la peine.**

1. Dites à vos amis de ne pas *se tromper*. Vous habitez au 28 *bis* et pas au 28.

2. Il est minuit et quart. Dites à vos amis de *se dépêcher* pour ne pas rater le dernier métro.

3. Souhaitez à une amie de bien *se reposer* aux sports d'hiver.

4. Souhaitez à des amis de bien *s'amuser*.

5. Conseillez à des étudiants de ne pas *se marier* trop jeunes.

6. Une amie est invitée chez des gens très ennuyeux. Dites-lui de ne pas trop *s'ennuyer*.

7. Il y a un incendie. Les pompiers disent aux badauds de ne pas *s'approcher*.

EXERCICE 74 — Niveau unité 12
Exprimer l'Incapacité

Transformez les phrases en utilisant arriver à :

> *Exemple :*
> « Je travaille depuis ce matin sur ce rapport. Je ne peux pas le terminer.
> - **Je n'arrive pas à le terminer.**

1. J'essaye de l'avoir au téléphone. Je ne peux pas la joindre.

2. Il y a trop de bruit dans ce bureau, je ne peux pas travailler.

3. Je devrais changer de situation. Je ne peux pas me décider.

4. Tiens, aide-moi, je ne peux pas ouvrir cette bouteille.

5. Il est tellement ennuyeux ! Je ne peux pas le suivre quand il parle.

6. Gilles et Sylvie restent toujours jusqu'à des heures impossibles. Ils ne peuvent pas partir.

EXERCICE 75 — Niveau unité 12
S'excuser — Féliciter — Exprimer sa sympathie

Utilisez les expressions suivantes qui ont valeur de formules de politesse : « Être heureux de, être ravi de, être désolé de, être ennuyé de, espérer que » (indicatif) :

> *Exemple :*
> - Vous apprenez une bonne nouvelle, la promotion d'un collègue. Que dites-vous ?
> - **Je suis ravi d'apprendre cette bonne nouvelle.**

1. Un ami reçoit une lettre dans laquelle il y a des mauvaises nouvelles.

2. Vous rencontrez par hasard dans la rue quelqu'un que vous n'avez pas vu depuis très longtemps et dont vous n'aviez pas le numéro de téléphone.

3. Vous apprenez une bonne nouvelle (naissance — mariage). Que dites-vous à la personne ?

4. Vous arrivez en retard, que dites-vous ?

5. La fille d'un ami a été opérée de l'appendicite. Vous demandez de ses nouvelles.

6. Vous ne pouvez pas rembourser à temps une personne à qui vous avez emprunté de l'argent. Qu'est-ce que vous dites ?

EXERCICE 76 — Niveau unité 12
Exprimer un sentiment

Utilisez les expressions suivantes qui servent à exprimer un sentiment : « Être content, heureux de, en avoir marre de, en avoir ras-le-bol, être inquiet de, cela m'ennuie, être déprimé de, avoir le cafard, avoir la flemme, être gêné, être ennuyé » :

1. Que dit une mère de famille ou un professeur qui répète toujours les mêmes choses sans que personne en tienne compte ? (langage familier).

2. Comment dites-vous en langage familier que vous êtes fatigué de votre travail, des gens, de la vie ?

3. Votre fils qui est parti en auto-stop ne vous a pas donné de nouvelles depuis deux mois. Que dites-vous à votre mari ?

4. Une amie veut vous emmener voir une pièce de Boulevard. Vous n'aimez que le théâtre classique. Vous lui exprimez votre sentiment sur le théâtre de Boulevard.

5. Je ne sais ce que j'ai, je vois tout en noir.

6. J'ai beaucoup de travail, mais je n'ai pas envie de travailler.

7. Vous avez oublié un rendez-vous, vous ne savez pas quoi dire pour vous excuser. Que ressentez-vous ?

Corrigés des exercices fonctionnels

EXERCICE 46

1. Nous avions, on avait...
2. Il y avait le métro, on marchait beaucoup.
3. Nous parlions (on parlait) anglais.
4. J'étais fatigué. Nous étions fatigués.
5. J'avais peur de te contrarier.
6. Je n'avais pas le temps.
7. « J'en avais marre ».
8. J'en avais envie.

EXERCICE 47

1. Oui, j'ai bien été reçue. Non, je n'ai pas été reçue (j'ai été recalée).
2. Non, j'ai oublié.
3. J'ai essayé mais on m'a répondu que la date était passée.
4. Nous sommes (je suis) parti(s) avant la fin.
5. J'ai dormi toute la journée.
6. Oui, j'ai fait sa connaissance. Non, je n'ai pas fait sa connaissance.

EXERCICE 48

1. Oui, je l'ai refaite. Non, je ne l'ai pas refaite.
2. Oui, je l'ai acheté mais je ne l'ai pas gardé.
3. Non, je ne l'ai pas vu.
4. Oui, je vous l'ai rapportée.
5. Non, je ne l'ai pas reçu.
6. Oui, je l'ai rencontré.
7. Non, je ne l'ai pas emmenée.
8. Oui, il les a réparés.

EXERCICE 49

1. J'avais oublié mon casque à moto.
2. J'avais réservé trois mois à l'avance.
3. J'avais fini mon travail et « j'en avais marre ».
4. J'avais téléphoné la veille pour réserver.
5. Vous aviez mal expliqué la règle ou je l'avais mal comprise.
6. Mais je t'avais prévenue.
7. Je n'avais pas été averti de cette réunion.

EXERCICE 50

1. Jacques et Michel habitent...
2. Elle est en train de les chercher.
3. Il est en train de travailler.
4. Alain et Florence se marient.
5. Il est en train de téléphoner.

6. Je préfère de l'eau.
7. Je suis en train d'apprendre à conduire.
8. Il envoie...
9. Il mérite...
10. ... elle braque bien.
11. Philippe est en train de passer.

EXERCICE 51

1. Les musées français ne sont jamais ouverts le mardi.
2. On ne retrouve jamais un objet perdu dans le métro.
3. Le métro ne marche jamais la nuit à Paris.
4. On ne demande jamais aux gens...
5. Un grutier ne déjeune jamais chez Lipp.
6. On ne peut jamais payer par chèque sans pièce d'identité.
7. On ne peut jamais acheter de tranquillisants sans ordonnance.
8. On ne demande jamais aux femmes leur date de naissance.

EXERCICE 52 (réponses au choix)

1. Je mange rarement... ou je ne mange pas souvent.
2. Je travaille rarement (quelquefois, souvent, toujours) chez moi après le dîner, etc.
3. Je paye toujours par chèque.

EXERCICE 53

1. Il ne rend jamais rien.
2. Je ne perds jamais rien.
3. Je ne regrette jamais rien.
4. Je ne fume jamais rien.
5. Je ne donne jamais rien.
6. Elle ne répète jamais rien.

EXERCICE 54

1. Il ne connaît rien, ce type-là.
2. Elle ne consomme rien.
3. Il ne mérite rien.
4. Il ne fait rien.
5. Il n'a rien mangé.
6. Il n'a rien dit.
7. Elle n'a rien regardé.

EXERCICE 55

1. Très.
2. Très.
3. Trop.
4. Très.
5. Trop.
6. Trop.
7. Trop.
8. Trop, trop.
9. Très.
10. Très.
11. Trop.
12. Quelqu'un de très bien / très.

EXERCICE 56 (réponses possibles)

1. J'avais un faux numéro (J'ai essayé par les réclamations. Ça sonnait occupé. Après il a fallu que je parte).
2. Je l'ai laissée sur la porte.
3. « Y avait » une grève de métro, tu sais bien et Sophie m'attendait.
4. Je t'avais dit de ne pas venir me chercher à la gare.
5. Il y a peut-être eu des perturbations dans le courrier.
6. Nous avons heurté un rocher. Nous étions trop près de la côte.

EXERCICE 57

1. Il ne me parle plus depuis la dernière réunion syndicale.
2. Nous vivons ensemble depuis des années.
3. J'attends depuis midi et quart.
4. Ils manifestent depuis hier matin.
5. Il ne reconnaît personne depuis trois ans.
6. Il boit depuis la mort de sa femme.
7. Je travaille depuis huit heures, ce matin.

EXERCICE 58

1. Ça fait dix ans. Il y a dix ans que je travaille. Je travaille depuis dix ans.
2. Depuis dix minutes, il y a dix minutes que je suis là. Ça fait dix minutes que...
3. Ça fait six mois (il y a).
4. Depuis Noël, depuis trois mois.
5. Il y a quinze jours que ça dure.

6. Il y a huit jours qu'il neige (ça fait). Il neige depuis huit jours.
7. Il y a cinq ans, ça fait cinq ans que je n'ai pas voyagé.
8. Il y a trois semaines, depuis trois semaines, ça fait trois semaines...

EXERCICE 59

1. Il travaille depuis qu'il a changé de professeur.
2. Il ne pense qu'à Marie depuis qu'il a fait sa connaissance.
3. Sa vie est transformé depuis qu'elle a acheté une voiture.
4. Je me sens plus sûre depuis que j'ai fait blinder ma porte d'entrée.
5. Il a pris confiance en lui depuis qu'il est passé chef de service.
6. Le téléphone n'a pas arrêté de sonner depuis que je suis rentré.
7. Son attitude a complètement changé à mon égard depuis qu'il a vu Henri.
8. Jean est emballé par le bateau depuis qu'il a fait une croisière avec votre frère.
9. Elle travaille à plein temps depuis que ses enfants ont grandi.
10. Je ne vois plus Jean depuis qu'il a quitté Paris.
11. Nous ne nous sommes pas rencontrés une seule fois depuis que nous travaillons dans la même tour.
12. Je ne fait plus de ski depuis que je me suis cassé la jambe.

EXERCICE 60

1. Il y a (ça fait) trois heures qu'il est allumé. Il est allumé depuis trois heures.
2. Il y a (ça fait) huit jours qu'il reconnaît sa mère. Il reconnaît sa mère depuis huit jours.
3. Il y a (ça fait) un quart d'heure qu'elle prépare tout. Elle prépare tout depuis un quart d'heure.
4. Il y a (ça fait) une heure que j'ai ce sac sur le dos. J'ai ce sac sur le dos depuis une heure.
5. Il y a une semaine que ça dure, cette comédie. Cette comédie dure depuis une semaine.
6. Il y a (ça fait) trois heures qu'on est sur ce problème. On est sur ce problème depuis trois heures.
7. Il y a (ça fait) deux mois qu'il est périmé. Il est périmé depuis deux mois.
8. Il n'y a pas longtemps que nous sommes devant cette télé (ça ne fait pas longtemps que).

EXERCICE 61

1. On a téléphoné, il y a une heure. Il y a une heure qu'on a téléphoné.
2. J'ai réservé, il y a déjà huit jours. Il y a déjà huit jours que j'ai réservé.
3. Naturellement, il y a dix ans que je l'ai vu. Naturellement, je l'ai vu, il y a dix ans.
4. Je l'ai vendue il y a deux ans. Il y a deux ans que je l'ai vendue.
5. Oui, j'y suis allée en voyage de noces, il y a vingt ans. Oui, il y a vingt ans que j'y suis allée en voyage de noces.
6. Ça s'est passé il y a trois semaines. Il y a trois semaines que cela c'est passé.

EXERCICE 62

1. Je n'ai pas joué au foot-ball depuis vingt ans. Il y a vingt ans que je n'ai pas joué au foot-ball.
2. Je n'ai pas écrit à ma sœur depuis trois ans. Il y a trois ans que je n'ai pas écrit à ma sœur.
3. Ils ne sont pas allés à Venise depuis vingt ans. Il y a vingt ans qu'ils ne sont pas allés à Venise.
4. Je n'ai pas conduit depuis longtemps. Il y a longtemps que je n'ai pas conduit.
5. Il n'a pas plu depuis un mois. Il y a un mois qu'il n'a pas plu.
6. Je ne lui ai pas téléphoné depuis huit jours. Il y a huit jours que je ne lui ai pas téléphoné.

EXERCICE 63

1. Ils n'habitent plus le quartier.
2. Je n'attends plus.
3. J'ai fini merci, je n'ai plus faim.
4. Je ne lui prête plus rien.
5. Elle n'arrive plus en retard.
6. Elle n'est plus valable depuis le 1er janvier.

EXERCICE 64

1. Je suis crevée, j'ai envie de partir en vacances, j'ai besoin de...
2. J'ai très soif, j'ai envie d'un grand verre d'eau.
3. Je n'ai pas envie de le voir.
4. J'ai envie de changer de situation.
5. Il a envie d'accepter.
6. J'ai besoin d'argent.
7. J'ai besoin d'une secrétaire.
8. J'ai besoin d'une voiture.
9. J'ai besoin d'une robe du soir.
10. J'ai besoin de quelqu'un pour m'aider.

EXERCICE 65

1. Elle va rapporter beaucoup d'argent. Elle rapportera beaucoup d'argent.
2. Sinon, elle va s'inquiéter. Elle s'inquiètera.
3. Vous allez entendre la sixième symphonie de Beethoven. Vous entendrez.
4. Je pense que cela ne va pas t'étonner. Je pense que cela ne t'étonnera pas.
5. Il va oublier. Il oubliera.
6. Ils ne vont pas nous attendre. Il ne nous attendrons pas.
7. ... Sinon, tu vas être en retard. Sinon, tu seras en retard.
8. ... Sinon, tu vas payer une amende. Sinon, tu paieras une amende.

EXERCICE 66

1. Si tu passes dans le quartier, viens nous voir.
2. Si tu vas à la poste, achète un carnet de timbres.
3. Si tu vois François, n'oublie pas de lui demander des nouvelles de sa mère.
4. Si quelqu'un sonne, demandez qui est là avant d'ouvrir.
5. Si vous venez en France, allez visiter la Bretagne.
6. Si tu as envie d'aller au cinéma, donne-nous un coup de fil.

EXERCICE 67

1. Si le prix du pétrole augmente, le niveau de vie diminuera.
2. Si on trouve de nouveaux médicaments, on supprimera la douleur.
3. Si on fait des opérations du cerveau, on modifiera le comportement humain.
4. Si on réduit le nombre des professeurs, le nombre d'élèves par classe ne diminuera pas.
5. Si on utilise l'énergie nucléaire, l'électricité coûtera moins cher.
6. Si le prix de l'essence augmente, les gens prendront les transports en commun.

EXERCICE 68 (réponses possibles)

1. Il n'y a qu'à rentrer à pied.
2. Vous n'avez qu'à prendre du beige, c'est classique.
3. Il n'y a qu'à le faire, ce soir.
4. Il n'y a qu'à leur téléphoner.
5. Il n'y a qu'à acheter un.
6. Tu n'as qu'à réserver par téléphone.

EXERCICE 69

1. Vous n'aviez qu'à me demander de vous conduire à la gare. Tu n'avais qu'à... Il fallait me demander de vous conduire à la gare.
2. Tu n'avais qu'à y penser plus tôt. Vous n'aviez qu'à... Il fallait y penser plus tôt.
3. Tu n'avais qu'à nous le dire, nous en parler. Vous n'aviez pas... Il fallait nous le dire, il fallait nous en parler.
4. Vous n'aviez qu'à (tu n'avais qu'à) prendre un taxi. Il fallait prendre un taxi.
5. Vous n'aviez qu'à mettre des chandails de plus. Tu n'avais qu'à... Il fallait mettre des chandails de plus.

EXERCICE 70

1. Il est dangereux de circuler à moto.
2. Il est important d'arriver en début de film.
3. Il est nécessaire de savoir l'anglais pour voyager.
4. Il est inutile d'arriver à l'heure.
5. Il est urgent de prévenir la police.
6. Il est indispensable d'avoir une réserve d'essence pour ce voyage.
7. Il est intéressant de savoir ça.

EXERCICE 71

1. Je vous conseille de ne pas boire cette eau.
2. Ce n'est pas la peine d'aller voir ce film.
3. Ce n'est pas la peine de faire la queue.
4. Je vous conseille de ne pas porter ce paquet.
5. Ce n'est pas la peine de chercher.
6. Je te conseille de ne pas lui prêter ton collier.
7. Ce n'est pas la peine d'attendre.
8. Je vous conseille de ne pas lui prêter d'argent.
9. Je te conseille de ne pas ouvrir.
10. Ce n'est pas la peine de réserver maintenant.

EXERCICE 72

1. Laissez-le partir. Ne l'empêchez pas de partir.
2. Laissez-le monter. Ne l'empêchez pas de monter seul.
3. Empêchez-les de se battre. Ne les laissez pas se battre.
4. Ne les laissez pas mourir de faim. Empêchez-les de mourir de faim.
5. Ne la laissez pas faire. Empêchez-là de se jeter par la fenêtre.
6. Laissez-le dormir. Ne l'empêchez pas de dormir.

EXERCICE 73

1. Ne vous trompez pas, j'habite au 28 bis et non pas au 28.
2. Dépêchez-vous pour ne pas rater le dernier métro.
3. Reposez-vous bien aux sports d'hiver.
4. Amusez-vous bien.
5. Ne vous mariez pas trop jeunes.
6. Ne vous ennuyez pas trop. Bon courage.
7. Ne vous approchez pas. C'est dangereux.

EXERCICE 74

1. Je n'arrive pas à la joindre.
2. Je n'arrive pas à travailler.
3. Je n'arrive pas à me décider.
4. Je n'arrive pas à l'ouvrir.
5. Je n'arrive pas à le suivre quand il parle.
6. Ils n'arrivent pas à partir.

EXERCICE 75

1. J'espère que cela va s'arranger.
2. Je suis ravi(e) de vous rencontrer.
3. Je suis très heureux(se) d'apprendre cette nouvelle.
4. Je suis désolé d'être en retard.
5. J'espère qu'elle va bien.
6. Je suis ennuyé(e) de ne pas pouvoir vous rembourser à temps.

EXERCICE 76

1. « J'en ai marre » que personne ne m'écoute.
2. « J'en ai marre » de mon travail, des gens, de la vie, j'en ai « ras-le-bol ».
3. Je suis inquiet(e) de ne pas avoir de ses nouvelles.
4. Cela m'ennuie de voir une pièce de Boulevard.
5. J'ai le cafard, je suis déprimé.
6. J'ai « la flemme ».
7. Je suis gêné, ennuyé, embarrassé.

EXERCICES SYNTAXIQUES

   I Fréquence *(tous les, toutes les)*.

   J Factitif *(faire faire)*.

   K Factitif *(se faire faire à sa demande)*.

   L Factitif *(se faire faire contre ou sans sa volonté)*.

  M Pronoms personnels objet direct de la 3e personne.
Accord du participe passé *(le, la, les, l')*.

   N Pronoms personnels objet direct 3e et 2e personne *(le, la, les, vous, te)*.

  O Le relatif *que*.

   P L'accord du participe passé avec *avoir (le, la, les, l')*.

  Q Place le pronom objet devant l'impératif *(le, la, les, l', lui)*.

   R Le pronom objet *y*.

   S Le pronom *en*.

   T Le pronom relatif *où*.

  U Interrogation avec *de quoi* et *dont*.

Textes des exercices syntaxiques

EXERCICE I - Niveau unité 9
Tous les, toutes les

Répondez en utilisant tous les, toutes les *(pour exprimer la fréquence)* :

> *Exemple :*
> - Le métro passe souvent à onze heures du soir ?
> - **Il passe toutes les dix minutes.**

1. Tu vas souvent à la piscine ? *chaque semaine).*
2. Le mois de février a 29 jours « tous les combiens » ?
3. Cet autobus passe souvent aux heures de pointe ? *(5 minutes).*
4. Il y a beaucoup d'avions entre Paris et Londres ? *(un par heure).*
5. Tu reçois souvent des roses comme celles-là ? *(pour mon anniversaire).*
6. Vous allez souvent à la campagne ? *(le week-end).*
7. Quand est-ce que vous faites du jogging ? *(le dimanche matin).*
8. Vous allez souvent à l'étranger pour votre entreprise ? *(un mois sur deux).*
9. Vous avez beaucoup de cours de français ? *(tous les jours).*

EXERCICE J - Niveau unité 11
Faire faire

Transformez les phrases selon le modèle suivant :

> *Exemple :*
> - Un peintre *a fait* un devis pour Jean.
> - **Jean a fait faire un devis.**

1. Un pâtissier a fait un gâteau pour Sylvie.
2. Un entrepreneur a construit une maison pour Pierre.
3. Une agence a réservé des places de théâtre pour Thomas.
4. Un garagiste a réparé la voiture d'Annie.
5. Un pompiste a vérifié la pression des pneus de la voiture de Robert.
6. Une fleuriste a fait un bouquet pour la Reine.

EXERCICE K - Niveau unité 11
Se faire faire (à sa demande)

Transformez les phrases selon le modèle suivant :

> *Exemple :*
> - Un chirurgien *a refait* le nez de Cléopâtre.
> - **Cléopâtre s'est fait refaire le nez.**

1. Un coiffeur a coupé les cheveux de Dominique.
2. Un dentiste a arraché trois dents à Marc.
3. Un chirurgien a opéré Mathieu de l'appendicite.
4. L'Élysée a invité Luc, à sa demande.
5. Un ingénieur a expliqué le fonctionnement de l'appareil à Denis.
6. Une couturière a fait une robe pour Odile.
7. Olivier a été muté en province à sa demande.

EXERCICE L - Niveau unité 11
Se faire « faire » (contre ou sans sa volonté)

Transformez les phrases selon le modèle suivant :

> *Exemple :*
> - Il a été arrêté par un gendarme.
> **Il s'est fait arrêter par un gendarme.**

1. Il a été insulté par un voyou.
2. Elle a été draguée par son professeur.
3. Il a été collé à l'examen.
4. Il a été renvoyé de son collège.
5. Il a été « eu » (trompé) par un charlatan.
6. Il a été écrasé par un chauffard.

EXERCICE M - Niveau unité 12
Pronoms personnels objet direct de la 3e personne - L'accord du participe passé avec avoir.

Transformez les phrases suivantes à la forme négative :

> *Exemple :*
> - Vous avez vu les Martin ?
> - **Vous ne les avez pas vus ?**

1. Vous avez retrouvé vos copains à l'exposition Picasso ?
2. Tu as rappelé Catherine ?
3. Elle a laissé son numéro de téléphone ?
4. Ce n'est pas moi qui ai cassé la photocopieuse.
5. Heureusement, je n'ai pas oublié son anniversaire.
6. J'espère que je n'ai pas dérangé ton frère pour rien.
7. Elle a tellement vieilli, je n'ai pas reconnu ta sœur.

EXERCICE N - Niveau unité 12
Pronoms personnels objet direct 2e personne

Remplacez les mots en italiques par un pronom :

> *Exemple :*
> - Vous n'avez pas salué *une dame* parce que vous n'aviez pas reconnu cette personne. Dites-le lui en vous excusant.
> - **Je ne vous ai pas saluée parce que je ne vous avais pas reconnue.**

1. Vous avez cherché *une amie* dans tous les bureaux. Vous l'avez cherchée. Dites-le lui.
2. Vous n'avez pas quitté *une vieille dame* malade depuis le début de la semaine. Racontez-le.
3. Vous irez chercher vos *amis* à la gare. Dites-le leur.
4. Vous ne voulez pas déranger *un ami*. Expliquez-le.
5. Vous arrivez à l'hôtel. Demandez gentiment à *la personne* de la réception de ne pas vous mettre sur la rue à cause du bruit.

EXERCICE O - Niveau unité 12
Le pronom relatif « que »

Construisez des phrases avec les éléments suivants :

> *Exemple :*
> - J'ai vu une personne. Elle était belle. Elle était dans la rue.
> - **La femme *que* j'ai vue dans la rue était belle.**

1. J'ai rencontré une jeune fille. Elle est charmante. C'était chez un ami.
2. Je viens de faire un exercice. Il était très difficile.
3. J'ai envie d'acheter un appareil de photos. Je l'ai vu dans un magasin à côté de l'Étoile.
4. J'ai prêté un livre à un ami. J'ai besoin de ce livre.
5. Un ami m'a prêté un magnétophone. Je ne m'en suis pas servi.

EXERCICE P - Niveau unité 12
L'accord du participe passé

Remplacez les mots en italiques par un pronom le, la, les, l' :

1. Je n'ai pas encore prévenu *mon assurance* de mon accident.
2. Tu as fini *les exercices* de l'unité 11 ?
3. Je n'ai pas encore remboursé *mon appartement*.
4. Il fait presque nuit. Tu n'as pas encore allumé *tes phares*.
5. Ils étaient tellement débordés que je n'ai pas pu poser *mes questions*.
6. Mon visa expire le 31. Je n'ai pas fait prolonger ce *visa*.
7. Ces pneus sont très usés. Je n'ai pas encore fait changer *ces pneus*.

EXERCICE Q - Niveau unité 12
La place du pronom objet devant l'infinitif

Transformez les phrases suivantes en remplaçant les mots en italique par un pronom le, la, les, l', lui :

> *Exemple :*
> - Je vais faire *le rapport*.
> - **Je vais *le* faire.**

1. Nous allons rater *ce train*.
2. Je vais appeler *ta mère* pour lui demander de ses nouvelles.
3. Je vais inviter *ma voisine de bureau* à dîner un de ces soirs.
4. Tu vas oublier *tes affaires*, toi.
5. Ça, ça va étonner *les étudiants du cours*.
6. Je vais laisser *le parapheur* sur mon bureau.
7. Ça, ça va épater *ton copain*.
8. Tu devrais expliquer *à Jean* où tu habites.
9. N'oubliez pas de donner ce dossier *à Joëlle*.

EXERCICE R - Niveau unité 12
Le pronom objet « Y »

Remplacez les mots en italique par y :

> *Exemple :*
> - Vous êtes déjà allé *en Chine* ?
> - **Oui, j'y suis déjà allé.**
> - **Non je n'y suis pas encore allé.**

1. Alors tu ne veux pas aller *à l'école* aujourd'hui ?
2. Vous êtes déjà allé *au Japon* ?
3. Tu ne pourrais pas aller *chez Catherine* pour déposer ce paquet ?
4. Avec une tête pareille, tu devrais aller *chez le coiffeur*.
5. Je suis sûr que ma fille a oublié d'aller *chez le dentiste*.
6. Les enfants ont très envie d'aller voir *le Château de Fontainebleau*.

EXERCICE S - Niveau unité 12
Le pronom « en »

Remplacez les mots en italique par le pronom en :

> *Exemple :*
> - Je suis sûr que tu ne te sers jamais *de cet appareil* !
> - **Je ne m'en sers jamais.**

1. Tu as besoin *de ta voiture* pour le week-end ?
2. Il a très envie *de ce voyage* en Italie, n'est-ce pas ?
3. Nous avons justement parlé *de ton problème*, Jacky et moi.
4. Je ne lui parlerai pas *de cette histoire*. Cela lui ferait de la peine.
5. Tu n'as pas envie *de cette bague* ?
6. Tu n'« en a pas marre » *de ce boulot* ?

EXERCICE T - Niveau unité 12
Le pronom relatif « où »

Construisez une seule phrase avec où :

> *Exemple :*
> - Vous allez dans un endroit pour faire du ski.
>   Cet endroit est ravissant.
> - **L'endroit où je vais faire du ski est ravissant.**

1. Vous avez acheté votre machine à calculer dans un magasin. Ce magasin est rue de Passy.

2. Vous connaissez une île parce que vous y avez passé vos dernières vacances. Cette île est très sauvage.

3. Vous avez un associé. Vous allez partout. Il vous suit partout.

4. Vous passez devant une maison. Victor Hugo est né dans cette maison. La personne qui est avec vous ne le sait pas.

5. Votre collègue est dans la pièce à côté. Vous ne le savez pas.

6. Vous avez déjeuné dans un joli village au sud-ouest de la France. Ce village n'est pas sur la carte.

EXERCICE U - Niveau unité 12
Interrogation avec « de quoi » et « dont »

Posez la question avec de quoi :

> *Exemple :*
> - On se sert *d'un couteau* pour couper du pain.
> - **De quoi se sert-on pour couper le pain ?**

A - de quoi

1. On se sert *de ciseaux* pour couper du papier.
2. J'ai besoin *d'un magnétophone* avec micro incorporé.
3. J'ai envie d'un *magnétoscope* pour mon anniversaire.
4. Nous parlions *de la crise de l'énergie.*
5. Je parlerai *de l'impressionnisme en France.*
6. Je n'ai besoin *de rien*, merci.

B - dont

Transformez à l'aide du pronom dont :

> *Exemple :*
> - Je me sers *d'un couteau* pour couper du pain.
> - **C'est le couteau dont je me sers.**

1. Je me sers des ciseaux de Philippe pour couper du carton.
2. Nous parlions de la crise qui a commencé il y a quelques années.
3. J'ai besoin d'un magnétophone avec micro incorporé.
4. J'ai envie d'une chose pour mon anniversaire, une paire de gants.

Corrigés des exercices syntaxiques

EXERCICE I - Niveau unité 9

1. J'y vais toutes les semaines.
2. Il y a 29 jours tous les quatre ans.
3. Cet autobus passe toutes les cinq minutes aux heures de pointe.
4. Il y en a toutes les heures.
5. J'en reçois tous les ans pour mon anniversaire.
6. Nous y allons tous les week-ends.
7. J'en fais tous les dimanches matins.
8. J'y vais tous les deux mois.
9. J'en ai tous les jours.

EXERCICE J - Niveau unité 11

1. Sylvie a fait faire un gâteau par le patissier.
2. Pierre a fait construire une maison par un entrepreneur.
3. Thomas a fait réserver des places de théâtre par une agence.
4. Annie a fait réparer sa voiture par un garagiste.
5. Robert a fait vérifier la pression des pneus de sa voiture par un pompiste.
6. « La Reine a fait faire un bouquet » (vieille chanson).

EXERCICE K - Niveau unité 11

1. Dominique s'est fait couper les cheveux.
2. Marc s'est fait arracher trois dents.
3. Mathieu s'est fait opérer de l'appendicite.
4. Luc s'est fait inviter à l'Élysée.
5. Denis s'est fait expliquer le fonctionnement de l'appareil.
6. Odile s'est fait faire une robe.
7. Olivier s'est fait muter en province.

EXERCICE L - Niveau unité 11

1. Il s'est fait insulter par un voyou.
2. Elle s'est fait draguer par son professeur.
3. Il s'est fait coller à son examen.
'4. Il s'est fait renvoyer de son collège.
5. Il s'est fait avoir par un charlatan.
6. Il s'est fait écraser par un chauffard.

EXERCICE M - Niveau 12

1. Non, je ne les ai pas retrouvés.
2. Non, je ne l'ai pas rappelée.
3. Non, elle ne l'a pas laissé.
4. Ce n'est pas moi qui l'ai cassée.
5. Heureusement, je ne l'ai pas oublié.
6. Non, tu ne l'as pas dérangé.
7. Je ne l'ai pas reconnue.

EXERCICE N - Niveau unité 12

1. Je ne vous ai pas retrouvé(e), je suis désolé(e), je vous ai cherché(e).
2. Je ne l'ai pas quittée depuis le début de la semaine.
3. J'irai vous cherchez à la gare.
4. Je ne veux pas te déranger.
5. Ne me mettez pas sur la rue, vous serez gentille.

EXERCICE O - Niveau unité 12

1. La jeune fille que j'ai rencontrée chez toi est charmante.
2. L'exercice que nous venons (on vient, je viens) de faire est très difficile.
3. J'ai envie d'acheter l'appareil de photos que j'ai vu dans un magasin à côté de l'Étoile.
4. Rends-moi (peux-tu me rendre) le livre que je t'ai prêté.
5. Je ne me suis pas servi du magnétophone que tu m'as prêté.

EXERCICE P - Niveau unité 12

1. Je ne l'ai pas encore prévenue.
2. Oui, je les ai finis. Non, je ne les ai pas finis.
3. Je ne l'ai pas encore remboursé.
4. Je ne les ai pas encore allumés.
5. Ils étaient tellement débordés que je n'ai pas pu les poser.
6. Je ne l'ai pas fait prolonger.
7. Je ne les ai pas encore fait changer.

EXERCICE Q - Niveau unité 12

1. Nous allons le rater.
2. Je vais l'appeler pour lui demander de ses nouvelles.
3. Je vais l'inviter à dîner un de ces soirs.
4. Tu vas les oublier, toi.
5. Ça va les étonner.
6. Je vais le laisser sur mon bureau.
7. Ça va l'épater.
8. Tu devrais lui expliquer où tu habites.
9. Je vais lui donner (je vais le lui donner).

EXERCICE R - Niveau unité 12

1. Mais si, je veux bien y aller. Non, je ne veux pas y aller.
2. Oui, j'y suis allé. Non, je n'y suis *(pas encore)* allé(e).
3. Non, je ne peux pas y aller. Oui, je peux y aller.
4. Je n'ai pas envie d'y aller. Je vais y aller.
5. Oui, elle a sûrement oublié d'y aller. Je suis sûre qu'elle a oublié d'y aller.
6. Ils ont très envie d'y aller.

EXERCICE S - Niveau unité 12

1. Oui, j'en ai besoin. Non, je n'en ai pas besoin.
2. Oui, il en a très envie. Non, il n'en a pas très envie.
3. Nous en avons justement parlé, Jacky et moi.
4. Je ne lui en parlerai pas.
5. Si, j'en ai très envie. Non, je n'en ai pas très envie.
6. Si, j'en ai marre. Non, je n'en ai pas marre.

EXERCICE T - Niveau unité 12

1. Le magasin où j'ai acheté ma machine à calculer est rue de Passy.
2. L'île où j'ai passé mes dernières vacances est très sauvage.
3. Mon associé me suit partout où je vais.
4. Voilà la maison où Victor Hugo est né.
5. Je ne sais pas où elle est.
6. Le village où nous avons déjeuné n'est pas sur la carte.

EXERCICE U - Niveau unité 12

A 1. De quoi se sert-on pour couper du papier ?
  2. De quoi avez-vous besoin ?
  3. De quoi as-tu envie ? De quoi avez-vous envie ?
  4. De quoi parliez-vous ?
  5. De quoi parleras-tu ? De quoi parlerez-vous ?
  6. De quoi avez-vous besoin ?

B 1. Les ciseaux dont je me sers sont à Philippe
  2. La crise dont nous parlions a commencé il y a quelques années.
  3. Le magnétophone dont j'ai besoin doit avoir un micro incorporé.
  4. La chose dont j'ai envie est une paire de gants.

VERBES

Les verbes construits avec **être**

1. ALLER, VENIR, ENTRER, SORTIR, RESTER, TOMBER, MONTER, DESCENDRE, PASSER, PARTIR, NAÎTRE, MOURIR.

2. LES PRONOMINAUX

Je me suis promené(e)
Tu t'es promené(e)
Il(elle) s'est promené(e)
Nous nous sommes promené(e)s
Vous vous êtes promené(e)s
Ils(elles) se sont promené(e)s

Je m'étais promené(e)
Tu t'étais promené(e)
Il(elle) s'était promené(e)
Nous nous étions promené(e)s
Vous vous étiez promené(e)s
Ils(elles) s'étaient promené(e)s

Je me suis dépêché(e)
Tu t'es dépêché(e)
Il(elle) s'est dépêché(e)
Nous nous sommes dépêché(e)s
Vous vous êtes dépêché(e)s
Ils(elles) se sont dépêché(e)s

Je m'étais dépêché(e)
Tu t'étais dépêché(e)
Il(elle) s'était dépêché(e)
Nous nous étions dépêché(e)s
Vous vous étiez dépêché(e)s
Ils(elles) s'étaient dépêché(e)s

Le Plus-que-parfait

Avoir

J'avais eu
Tu avais eu
Il avait eu
Nous avions eu
Vous aviez eu
Ils avaient eu

Être

J'avais été
Tu avais été
Il avait été
Nous avions été
Vous aviez été
Ils avaient été

Faire

J'avais fait
Tu avais fait
Il avait fait
Nous avions fait
Vous aviez fait
Ils avaient fait

Aller

J'étais allé(e)
Tu étais allée(e)
Il était allé
Nous étions allé(e) s
Vous étiez allé(e) s
Ils étaient allés

Aimer

J'avais aimé
Tu avais aimé
Il avait aimé
Nous avions aimé
Vous aviez aimé
Ils avaient aimé

Manger

J'avais mangé
Tu avais mangé
Il avait mangé
Nous avions mangé
Vous aviez mangé
Ils avaient mangé

Rester

J'étais resté(e)
Tu étais resté(e)
Il était resté
Nous étions resté(e) s
Vous étiez resté(e) s
Ils étaient restés

Travailler

J'avais travaillé
Tu avais travaillé
Il avait travaillé
Nous avions travaillé
Vous aviez travaillé
Ils avaient travaillé

Venir

J'étais venu(e)
Tu étais venu(e)
Il était venu
Nous étions venu(e) s
Vous étiez venu(e) s
Ils étaient venus

Partir

J'étais parti(e)
Tu étais parti(e)
Il était parti
Nous étions parti(e) s
Vous étiez parti(e) s
Ils étaient partis

Prendre

J'avais pris
Tu avais pris
Il avais pris
Nous avions pris
Vous aviez pris
Ils avaient pris

Mettre

J'avais mis
Tu avais mis
Il avais mis
Nous avions mis
Vous aviez mis
Ils avaient mis

Finir

J'avais fini
Tu avais fini
Il avait fini
Nous avions fini
Vous aviez fini
Ils avaient fini

Devoir

J'avais dû
Tu avais dû
Il avait dû
Nous avions dû
Vous aviez dû
Ils avaient dû

Perdre

J'avais perdu
Tu avais perdu
Il avait perdu
Nous avions perdu
Vous aviez perdu
Ils avaient perdu

Rendre

J'avais rendu
Tu avais rendu
Il avait rendu
Nous avions rendu
Vous aviez rendu
Ils avaient rendu

L'Imparfait

Avoir

J'avais
Tu avais
Il avait
Nous avions
Vous aviez
Ils avaient

Être

J'étais
Tu étais
Il était
Nous étions
Vous étiez
Ils étaient

Faire

Je faisais
Tu faisais
Il faisait
Nous faisions
Vous faisiez
Ils faisaient

Aller

J'allais
Tu allais
Il allait
Nous allions
Vous alliez
Ils allaient

Aimer

J'aimais
Tu aimais
Il aimait
Nous aimions
Vous aimiez
Ils aimaient

Manger

Je mangeais
Tu mangeais
Il mangeait
Nous mangions
Vous mangiez
Ils mangeaient

Rester

Je restais
Tu restais
Il restait
Nous restions
Vous restiez
Ils restaient

Travailler

Je travaillais
Tu travaillais
Il travaillait
Nous travaillions
Vous travailliez
Ils travaillaient

Venir

Je venais
Tu venais
Il venait
Nous venions
Vous veniez
Ils venaient

Partir

Je partais
Tu partais
Il partait
Nous partions
Vous partiez
Ils partaient

Prendre

Je prenais
Tu prenais
Il prenait
Nous prenions
Vous preniez
Ils prenaient

Mettre

Je mettais
Tu mettais
Il mettait
Nous mettions
Vous mettiez
Ils mettaient

Finir

Je finissais
Tu finissais
Il finissait
Nous finissions
Vous finissiez
Ils finissaient

Devoir

Je devais
Tu devais
Il devait
Nous devions
Vous deviez
Ils devaient

Perdre

Je perdais
Tu perdais
Il perdait
Nous perdions
Vous perdiez
Ils perdaient

Rendre

Je rendais
Tu rendais
Il rendait
Nous rendions
Vous rendiez
Ils rendaient

Le Passé composé

Avoir

J'ai eu
Tu as eu
Il a eu
Nous avons eu
Vous avez eu
Ils ont eu

Être

J'ai été
Tu as été
Il a été
Nous avons été
Vous avez été
Ils ont été

Faire

J'ai fait
Tu as fait
Il a fait
Nous avons fait
Vous avez fait
Ils ont fait

Aller

Je suis allé(e)
Tu es allé(e)
Il est allé
Nous sommes allé(e) s
Vous êtes allé(e) s
Ils sont allés

Aimer

J'ai aimé
Tu as aimé
Il a aimé
Nous avons aimé
Vous avez aimé
Ils ont aimé

Manger

J'ai mangé
Tu as mangé
Il a mangé
Nous avons mangé
Vous avez mangé
Ils ont mangé

Rester

Je suis resté(e)
Tu es resté(e)
Il est resté
Nous sommes resté(e) s
Vous êtes resté(e) s
Ils sont restés

Travailler

J'ai travaillé
Tu as travaillé
Il a travaillé
Nous avons travaillé
Vous avez travaillé
Ils avaient travaillé

Venir

Je suis venu(e)
Tu es venu(e)
Il est venu
Nous sommes venu(e) s
Vous êtes venu(e) s
Ils sont venus

Partir

Je suis parti(e)
Tu es parti(e)
Il est parti
Nous sommes parti(e) s
Vous êtes parti(e) s
Ils sont partis

Prendre

J'ai pris
Tu as pris
Il a pris
Nous avons pris
Vous avez pris
Ils ont pris

Mettre

J'ai mis
Tu as mis
Il a mis
Nous avons mis
Vous avez mis
Ils ont mis

Finir

Je fini
Tu as fini
Il a fini
Nous avons fini
Vous avez fini
Ils ont fini

Devoir

J'ai dû
Tu as dû
Il a dû
Nous avons dû
Vous avez dû
Ils ont dû

Perdre

J'ai perdu
Tu as perdu
Il a perdu
Nous avons perdu
Vous avez perdu
Ils ont perdu

Rendre

J'ai rendu
Tu as rendu
Il a rendu
Nous avons rendu
Vous avez rendu
Ils ont rendu

Le Subjonctif

Avoir

Que j'aie
Que tu aies
Qu'il ait
Que nous ayons
Que vous ayez
Qu'ils aient

Être

Que je sois
Que tu sois
Qu'il soit
Que nous soyons
Que vous soyez
Qu'ils soient

Faire

Que je fasse
Que tu fasses
Qu'il fasse
Que nous fassions
Que vous fassiez
Qu'ils fassent

Aller

Que j'aille
Que tu ailles
Qu'il aille
Que nous allions
Que vous alliez
Qu'ils aillent

Sortir

Que je sorte
Que tu sortes
Qu'il sorte
Que nous sortions
Que vous sortiez
Qu'ils sortent

Manger

Que je mange
Que tu manges
Qu'il mange
Que nous mangions
Que vous mangiez
Qu'ils mangent

Rester

Que je reste
Que tu restes
Qu'il reste
Que nous restions
Que vous restiez
Qu'ils restent

Travailler

Que je travaille
Que tu travailles
Qu'il travaille
Que nous travaillions
Que vous travailliez
Qu'ils travaillent

Venir

Que je vienne
Que tu viennes
Qu'il vienne
Que nous venions
Que vous veniez
Qu'ils viennent

Partir

Que je parte
Que tu partes
Qu'il parte
Que nous partions
Que vous partiez
Qu'ils partent

Prendre

Que je prenne
Que tu prennes
Qu'il prenne
Que nous prenions
Que vous preniez
Qu'ils prennent

Mettre

Que je mette
Que tu mettes
Qu'il mette
Que nous mettions
Que vous mettiez
Qu'ils mettent

Finir

Que je finisse
Que tu finisses
Qu'il finisse
Que nous finissions
Que vous finissiez
Qu'ils finissent

Devoir

Que je doive
Que tu doives
Qu'il doive
Que nous devions
Que vous deviez
Qu'ils doivent

Perdre

Que je perde
Que tu perdes
Qu'il perde
Que nous perdions
Que vous perdiez
Qu'ils perdent

Rendre

Que je rende
Que tu rendes
Qu'il rende
Que nous rendions
Que vous rendiez
Qu'ils rendent

TABLE DES ILLUSTRATIONS

TABLE DES MATIÈRES

Contenu du cours (Unités 8 à 12)

93 Seine-
Saint-Denis

92

75 Ville
de Paris

Hauts-
de-Seine

94 Val-
de Marne

62 Pas-
de-Calais

Lille

nord-
pas-de-calais

59 Nord

Amiens

76 Seine-
Maritime

80 Somme

02 Aisne

08 Ardennes

haute-

Rouen

normandie

60 Oise

95 Val d'Oise

picardie

Châlons-
sur-Marne

57 Moselle

lorraine

Metz

67 Bas-
Rhin

Strasbourg

50
Manche

Caen

14 Calvados

basse-

27 Eure

78
Yvelines

Paris

51 Marne

55 Meuse

54

Meurthe-et-Moselle

alsace

normandie

61 Orne

77 Seine-
et-Marne

champagne-
ardenne

88 Vosges

68 Haut-
Rhin

29 Finistère

22 Côtes-du-Nord

53 Mayenne

28 Eure-
et-Loir

91
Essonne

île-de-france

10 Aube

52 Haute-
Marne

70 Haute-Saône

90

bretagne

35 Ille-et-
Vilaine

Rennes

72 Sarthe

pays de
loire

Orléans

45 Loiret

89 Yonne

21 Côte-d'Or

Dijon

25
Doubs

franche-

Terr. de
Belfort

56 Morbihan

44 Loire-
Atlantique

49 Maine-
et-Loire

41 Loir-
et-Cher

centre

bourgogne

Besançon

comté

Nantes

37 Indre-
et-Loire

18 Cher

58 Nièvre

85 Vendée

86 Vienne

36 Indre

71 Saône-et-Loire

39 Jura

Poitiers

79 Deux-
Sèvres

03 Allier

auvergne

01 Ain

74 Haute-
Savoie

87
Haute-
Vienne

23 Creuse

69
Rhône

Lyon

17 Charente-
Maritime

poitou-
charentes

Limoges

limousin

Clermont-Ferrand

42 Loire

73 Savoie

16 Charente

63 Puy-de-Dôme

rhône-

19 Corrèze

43 Haute-Loire

alpes

24 Dordogne

15 Cantal

38 Isère

Bordeaux

33 Gironde

46 Lot

48 Lozère

07 Ardèche

26 Drôme

05 Hautes-
Alpes

aquitaine

47 Lot-et-
Garonne

12 Aveyron

04 Alpes-de-
Haute-Provence

06 Alpes-
Maritimes

40 Landes

82 Tarn-et-
Garonne

midi-
pyrénées

30 Gard

84 Vaucluse

provence-alpes-
côte d'azur

32 Gers

81 Tarn

13
Bouches-du-Rhône

83 Var

Toulouse

34 Hérault

Montpellier

64 Pyrénées-
Atlantiques

31 Haute-
Garonne

languedoc-
roussillon

Marseille

65 Hautes-
Pyrénées

09 Ariège

11 Aude

66 Pyrénées-
Orientales

2 B
Haute-
Corse

Ajaccio

2 A
Corse-
du-Sud

cor

Mame Imprimeurs Tours

Dépôt légal : Janvier 1989 - n° 22117